教育部哲学社会科学研究重大课题攻关项目（09JZD0017）资助

全球浙商研究丛书 · 编委会

全球浙商研究丛书
GLOBAL ZHEJIANG ENTREPRENEUR STUDIES

企业跨国联盟关系风险及其控制机制

ZHEJIANG UNIVERSITY PRESS
浙江大学出版社

Relational Risk and Its Control
Mechanism in Cross-Border
Alliance

陈菲琼◎著

图书在版编目（CIP）数据

企业跨国联盟关系风险及其控制机制/陈菲琼著.
—杭州：浙江大学出版社，2011.10
（全球浙商研究丛书）
ISBN 978-7-308-09187-9

Ⅰ.①企…　Ⅱ.①陈…　Ⅲ.①跨国公司－跨国经营－
风险机制－研究－浙江省　Ⅳ.①F279.247

中国版本图书馆 CIP 数据核字（2011）第 205340 号

企业跨国联盟关系风险及其控制机制

陈菲琼　著

丛书策划	樊晓燕　陈丽霞
责任编辑	樊晓燕（fxy@zju.edu.cn）
封面设计	续设计
出版发行	浙江大学出版社
	（杭州市天目山路 148 号　邮政编码 310007）
	（网址：http://www.zjupress.com）
排　　版	杭州中大图文设计有限公司
印　　刷	浙江全能印务有限公司
开　　本	710mm×1000mm　1/16
印　　张	12.25
字　　数	213 千
版 印 次	2011 年 10 月第 1 版　2011 年 10 月第 1 次印刷
书　　号	ISBN 978-7-308-09187-9
定　　价	28.00 元

总 序 一

改革开放 30 多年来,中国的民营企业取得了长足进步,已成为推动国民经济发展和社会进步的重要力量。随着市场化进程的不断深入,民营经济对整个国民经济的贡献将会逐步增强。党的十五大,特别是十六大以来,中央提出了一系列促进非公有制经济发展的方针政策,民营经济发展的外部环境日益改善。宪法修正案对保护私有财产法律制度的完善,"非公经济 36 条"和"新 36条"的相继出台,为民营经济的发展提供了更加可靠的制度保障,也为民营经济的明天注入了更多的信心。

由于地理位置、气候条件、资源禀赋、人文历史环境等因素的影响,不同地区的民营经济在发展过程中通常都表现出一些鲜明的"区域特色",它们也因此被人们习惯性地冠以区域商帮的标记。晋商、徽商、鲁商、粤商、沪商、宁波帮,这些至今仍为人们熟悉的明清时期和民国初年的代表性商帮,无不具有典型的时代特征和区域特色。改革开放以来,浙商作为一支来自民间的草根力量迅速崛起,在全国各个省份乃至世界各地我们都可以看到浙商勤劳的身影。最近几年来这些浙江籍企业家所创办的企业不断发展壮大,福布斯中国富豪榜上的强大浙商军团,无不向世人昭示了这样一个基本事实:浙商已当之无愧地成为改革开放以来中国最出色的商帮之一。对于这样一个极富活力的商人群体,我们没有理由不去关注。

近年来不少研究者先后从"温州模式"、"台州模式"等侧面对浙商这一主题作过一些有益的探索,可是相较浙商对全国和对全球经济、社会的影响力,这些工作依然尚显薄弱。浙江资源禀赋并不丰裕,国家投资殊为稀少,外商投资相对不多,其经济发展缺乏自然资源的支撑和外部力量的推动,何以能够在短短30 年的时间里跃居中国经济最强省?客观评价浙商在过去发展中取得的各项业绩,系统归纳和总结浙商的成功经验和失败教训,无论对指导浙商未来的发展,还是对促进后发地区民营经济的提升,都将具有十分重要的意义。在国家

"促进区域协调互动发展"的政策导向下,这项工作的价值无疑将得到更大的体现。

当前,发达国家居高不下的失业率、脆弱的金融系统、主权债务压力,以及主要国际货币兑换汇率的大幅波动,导致世界经济环境依旧比较低迷。同时,面对不断上升的通货膨胀压力和日益加大的经济结构调整难度,国内宏观经济政策仍然偏紧。面对内外部环境的双重压力,民营经济的发展正面临着严峻的考验。可以说,单靠人民币低汇率来扩大产品销路的时代已经接近尾声。如何尽快提高企业的自主创新能力,靠技术进步、提高劳动生产率来打开国际市场,已成为摆在以传统制造见长的浙商面前的一道难题。在此背景下,深入了解浙商,系统总结和分析浙商在发展过程中面临的各种机遇和挑战,指导它们适时创新原有的商业模式,勇于拓展新兴的业务领域,不断培育全新的竞争优势,无疑对促进浙江区域经济,乃至整个国民经济的持续健康发展,都将是大有裨益的。

随着全球化的不断推进,不同国家和地区之间的经济联系将变得日益紧密,由此带来的不确定性风险将会逐步加大。未来,浙商融入全球经济的广度和深度将会进一步提升,在这个过程中,许多崭新的课题将会不断涌现,紧密追踪,甚至提前预判可能出现的新机遇和新挑战,及时指导浙商趋利避害、长善救失,显然是学术界义不容辞的责任和使命。

从学术研究或理论发展的角度看,对浙商这样一支富有创业精神的商业力量开展系统的跟踪研究,无论对现有理论的检验和提升,还是对新兴理论的构建与发展,都是非常有意义的。浙江大学管理学院作为一所深深扎根于浙江这块创业沃土的全国著名商学院,长期以来跟浙商有着密切的联系与合作,对浙商有着全面的了解和把握,由他们组织力量来对浙商进行全面的解剖无疑是最为合适和最具优势的。此外,浙江大学管理学院一直以创新和创业为办学特色,在多个相关领域取得了丰硕的成果积累,这与整个"创新、创业"的大环境、大趋势也是匹配的。相信在其组织和协调下,学者们一定能够围绕"浙商"这一主题做出更多更好的学术成果,相信这些成果的出版和发行对指导浙商乃至更大范围内的民营经济的发展,以及对推动现代商帮和民营经济研究,都将起到积极的推动作用。让我们共同期待!

2011 年 10 月 1 日

总　序　二

　　从古至今,浙江商人都是中国经济社会发展中较为活跃的一股力量。改革开放以来,随着浙江民营经济的异军突起,浙江商人再次活跃于海内外商界,并日渐成为各地经济社会发展中最具活力的商帮之一,形成了"有浙商就有市场"的独特现象。

　　经济全球化进程的不断深入和国内经济发展方式转变以及产业结构优化升级为浙商的未来发展提供了更加广阔的舞台和空间,但与此同时,也对新时代浙商肩负的历史使命和社会责任有着更多更高的期许和要求。在不确定性日益增强的新一轮全球化浪潮中,浙商如何自我超越,继续勇立潮头,再续辉煌,如何做大做强品牌,成功实现自我延续与更新,已成为浙商的首要课题。在实现自我发展的过程中,如何更好地扮演起"先富者"的角色,发挥示范作用,真正带动落后或欠发达地区共同富裕起来,应是浙商不断追求和勇担的时代责任。充分发挥企业和企业家在文化传承与创新中的重要载体作用,在国际合作与交流中宣扬中国当代企业家精神,传播区域和民族文化,传承和弘扬中华文明,也是浙商肩负的提振文化软实力的另一重要使命。

　　近年来,随着浙江商人在国内外影响力的不断提升,商帮这个沉寂已久的话题再次成为各类媒体关注的热点,"浙江模式"、"浙江经验"、"浙江现象",在被各类媒体争相报道的同时,也日渐成为学术界的热门研究议题,许多浙商的成败经历更是逐渐成为国内外知名商学院的经典教学案例。组织一批专业力量对浙商做出全面且系统的解读,在更好地指导浙商发展的同时,为更大范围内民营经济的发展提供参考和借鉴,进而发展出可以影响主流经济和管理理论演变趋势的新理论、新方法,具有十分重要的现实意义。

　　浙江大学管理学院是国内一流的商学院,长期深深扎根于浙江这片创业沃土,同许多浙商保持着长期的合作,对浙商有着非常深入的了解,先后围绕公司治理、创新创业、产业集群等主题对浙商开展过大量有意义的研究工作,取得了十分丰富的研究成果。无论从已取得的科研成果、锻造的科研能力看,还是从打造科研特色、赢得社会声誉的考虑,浙江大学管理学院都已具备对浙商开展系统研究的基础和实力。我深信并期待,在浙江大学管理学院科研团队的领导下,浙商研究取得重大突破,形成一大批具有国际影响力的学术成果,在为浙商的可持续发展提供全方位智力支持的同时,对国际主流经济和管理理论产生真正深远的影响。

浙江省人大常委会副主任、党组成员,浙江大学党委书记

金德水

2011 年 10 月

摘　　要

　　本书以全新的视角来诠释企业跨国联盟关系风险及其控制机制,建立了生成、演化、控制三位一体的框架体系。在理论研究与实证结果的基础上,从跨国联盟关系风险产生的根源出发,分析了跨国联盟关系风险的形成机理。细化分解了不同阶段跨国联盟的关系风险,剖析了在跨国联盟的伙伴选择、跨国联盟建立、跨国联盟运营、绩效评估四个阶段中关系风险的不同表现和影响,并给出了在每一阶段联盟关系风险的关注重点。将理论研究、实证分析和案例研究三个方面结合在一起,对浙江省企业跨国联盟关系风险进行了实证分析,除了实证分析,进一步运用案例研究的方法对理论框架加以考量。验证关系风险向高位演化和向低位演化两种机制。提出企业跨国联盟关系风险控制机制分为正式控制机制和非正式控制机制,并从微观、宏观层面提出联盟关系风险的管理控制机制。引入了程序公平、和谐以及合法性等概念,并将这些应用到跨国联盟关系风险的非正式控制机制当中,同时从宏观层面分析跨国联盟关系风险的缓冲机制。对企业跨国联盟关系风险的识别、把握和控制提出了具有建设性的建议。

ABSTRACT

This book, from a new perspective, analyzes the relational risk faced by Zhejiang firms from their experience in cross-border strategic alliance and proposes a risk control mechanism. It builds a framework of relational risk management, including risk identification, risk evolution, and risk control. In theoretical analysis, this book first identifies where risks come from and then describes how they arise. In particular, it proposes that risks take different forms and have different consequences in four stages of strategic alliance, which are partner selection, alliance structuring, alliance operation, and performance evaluation. In that case, managers should switch focus when entering a new stage of alliance. Based on the above theory, using Zhejiang firms' data, this book empirically identifies important relational risk factors. Relational risk follows two evolutionary paths (good and bad) under different situations. In the last part, this book divides risk control mechanism into formal and informal mechanisms. Both micro and macro level risk control mechanisms were presented. Some concepts, like procedural justice harmony and legitimacy, were introduced into the informal risk control mechanism. Apart from this, a macro level cushion system was created. Overall, this book provides constructive suggestions on how to identify, assess, and manage relational risk for Zhejiang firms to take on cross-border strategic alliance.

一、本书的研究背景及意义

这是一个竞争与合作并存的世界;这是一个机遇与风险共生的世界;这是一个发展与落后同在的世界。当飞速发展的技术以及日趋激烈的竞争逐步改变了商业世界的竞争观和组织形式的时候,越来越多的企业选择走出狭隘的经营观,越来越多的企业加入了跨国联盟。

大量的企业跨国联盟登上了世界经济的舞台,始源于 20 世纪 80 年代。这是一种在相互竞争的同时也存在一定的依赖关系,通过参与一系列的合作协议来提高共同价值。据统计,全球 500 强企业平均每家约有 60 个主要的跨国联盟,跨国公司之间结成的企业跨国联盟每年以 25％ 的增长率快速发展,显示了旺盛的生命力和不可逆转的趋势。在看到跨国联盟高速增长和高效的同时,也应该注意到跨国联盟的高失败率。许多研究结果表明,跨国联盟的失败率多数介于 50％～60％之间。麦肯锡的研究报告显示:自 20 世纪 80 年代以来所调查的参与跨国联盟的 800 家美国企业中,只有 40％ 的联盟维持了 4 年以上,而合作 10 年以上的仅占 14％。

在诸多的跨国联盟风险中,有一种是研究由于关系本身而产生的特殊风险,被定义为"关系风险"(Das and Teng,1996;Nooteboom,1996,1997)。一般来说,关系风险可以认为是无法获得满意合作的可能性和结果(Das and Teng,1996)或伙伴机会主义行为的可能性和结果(Nooteboom et al.,1997)。它涉及伙伴间的合作关系,即伙伴不遵守合作精神的可能性,或合作双方无法达到满意的合作所带来的可能结果,也包含了那些阻碍联盟目标实现的关系问题（如"搭便车"偷懒、机会主义行为等）。目前，全世界共有跨国公司4万多家，其子公司和分支机构约有25万家，从总体经济实力上看，跨国公司的生产总值已经占资本主义世界的40％以上，控制着80％的研发和75％的技术转让。跨国公司通过跨国联盟的方式逐渐拉大了中国企业在规模、技术、产品等各方面的差距。

因此，对于中国企业，如何把握好这一战略机遇，实现跨国的互动合作，建立稳固的跨国联盟关系，有效地采取各项控制手段，防范联盟失败的风险就显得十分关键，而这也正是本书希望解决的问题所在。

二、本书的研究视角与成果

本书围绕着企业跨国联盟关系风险这一中心概念展开了深入的研究和讨论，并确立了本书的主要切入点及思路：以浙江企业跨国联盟关系风险为研究对象，深入分析关系风险的生成、演化以及控制机制，建立一个全方位的理论分析框架。同时，本着理论结合实践的精神，通过对浙江大学总裁研修班学员以及其他企业的问卷调查来获得研究浙江省企业跨国联盟关系风险的有关数据，来获得实证检验的结果。最后，希望通过选取具有代表性的浙江企业跨国联盟的案例来分析现实中企业所可能面对的关系风险及其在各个方面的表现，以此来验证并充实理论框架。

作者阅读了大量的外文文献，因为有关关系风险的研究在国内尚不多，大量的理论和实证的研究成果都来自国外。为了获得更前沿的研究思路，集中了大量精力阅读了国外研究企业跨国联盟关系风险的知名学者的文献，包括 Das 和 Teng、Nooteboom 以及交易成本理论学派的 Williamson 等学者的研究成果。通过大量的文献阅读，作者发现，企业跨国联盟关系风险的定量研究是一项较为艰巨的任务，因为关系风险本身及其因子本身就难以量化，最好的方法就是借助问卷计分的方式来获得定量数据。当然，这类数据本身会受到很大的主观因素的影响。

为了研究企业跨国联盟关系风险的各种机制，作者在阅读国外文献时发现，Das 最新的一篇文章中将影响联盟关系风险的因素归为三个方面：关系类、经济类和时间性的。这一方法的出现帮助作者进一步拓宽了研究的视角，这种分类方法不仅可以帮助更好地设计问卷，以获得实证检验的结果，而且为框架的构建打开了一扇窗户。在借鉴国外学者的这些研究成果的基础上，在研究跨国联盟关系风险的生成机制中，建立了一个全新的框架。不仅对关系风险的要素加以拓展,增加了一些适合研究国内企业跨国联盟关系风险的影响因子,而且对这些影响因子全新归类。发现对于不同类型的企业跨国联盟,由于其本身的组织构架、联盟方向存在着很大的差异,导致了他们可能会遇到的联盟关系风险也会大相径庭。因此,将关系风险重新划分为:资源类、组织类、利益类、其他四个方面,并且发现:契约式联盟主要关注资源类的关系风险,这是因为这一类别的联盟主要是为了获得资源共享带来的收益。合资的联盟方式主要关注利益类以及组织类的关系风险。顾名思义,组织类的机会主义行为因素主要是跟组织相关的,而在所有这几类的联盟中,只有合资是建立了新的组织关系。这就决定了合资必然会较多地关注与组织建设相关的因素。少数股权参与的联盟模式一般关注利益相关的问题,当联盟伙伴之间具有共同的利益,就能够较大地保障联盟共同目标的实现,也就减小了关系风险。

这一框架体系的建立不仅将跨国联盟的市场基础、跨国联盟的属性分类以及跨国联盟关系风险三个维度很好地结合起来,而且让能够从跨国联盟关系风险产生的根源出发,进一步分析了关系风险的形成机理。进一步细化分解了不同阶段跨国联盟的关系风险,剖析了在跨国联盟的伙伴选择、跨国联盟建立、跨国联盟运营、绩效评估四个阶段中关系风险的不同表现和影响,并给出了在每一阶段跨国联盟关系风险的关注重点。通过对四个阶段关系风险的分析,更好地认清了关系风险,也有助于企业在现实的跨国联盟过程中来识别关系风险,尽量减少由于关系风险带来了损失。

在研究关系风险的生成机制的过程中,同时进行着对关系风险演化机制的研究。生物演化理论向来是经济学家所惯用的方法,因为经济研究人员相信经济现象从根本上来说是一种类似于生物进化的形式,总是伴随着优胜劣汰、适者生存的道理,也总是沿循着种瓜得瓜、种豆得豆的遗传法则。因此,在研究关系风险当中,也希望以动态的、演化的方法来看待关系风险的发展和变迁。发现关系风险的演化存在着两种路径:高位演化及低位演化。前者是指当企业跨国联盟遭遇关系风险时,联盟的伙伴双方没能很好地对这一风险做出反应,对规则、机制、习惯等加以调整,从而造成跨国联盟关系风险恶化,并最终可能导致跨国联盟关系的破裂,也就是说跨国联盟的失败。相反,在低位演化中,跨国联盟的伙伴双方能够很好地识别关系风险产生的原因,并对这一风险可能导致的未来的影响做出较为准确的预测。通过跨国联盟伙伴双方的努力和调整,最终实现跨国联盟关系正常化、友好化,从而也就缓和了关系风险及其影响。

在研究企业跨国联盟关系风险的生成机制的时候,已经将企业跨国联盟可能遇到的关系风险的生成因素细化分析,并且辨析了不同阶段、不同类型企业跨国联盟关系风险生成的各种可能。在这些具体化的工作之后,作者在研究关系的演化中则希望能以较为简练的形式来说明问题。将跨国联盟关系风险的影响因素提炼为合作双方差异度、合作内容复杂度、合作分配公平度以及企业采取的战略等几个方面,并在统一的成本—收益分析机制下,引入了承受曲线这一分析工具,并得到了较为满意的结果。

在以上的跨国联盟关系风险的生成及演化机制之上,逐渐完成了问卷设计(见附录),并多次在浙江大学管理培训中心、浙江大学开设的总裁研修班及MBA 教学班上发放本书的问卷调查。根据问卷数据结果,课题组的成员运用专业的软件处理,通过因子分析法得到了所需的实证检验成果。

除了实证分析,进一步运用案例研究的方法对理论框架加以考量,同时也让研究更具有实践意义。一共选取了四个联盟案例,分别是正泰集团跨国联盟、达娃联盟、东方通信与摩托罗拉跨国联盟以及波西联盟。前两者主要是为了分析企业跨国联盟关系风险生成机制,着重分析了在两种形态(契约式联盟和合资)下跨国联盟关系风险的表现。后两者分别用来验证关系风险向高位演化和向低位演化两种机制。

最后,面对如此的关系风险,企业应当从何处入手来更好的应对呢?这就是企业跨国联盟关系风险的控制机制研究。关系风险控制机制分为正式控制机制和非正式控制机制,并从微观(企业)、宏观(国家、行业)层面提出联盟关系风险的管理控制机制。研究中,还引入了程序公平、和谐以及合法性等概念,并将这些应用到关系风险的非正式控制机制当中,同时还从宏观层面分析关系风险的缓冲机制。

总之,本书所做的主要工作有:

第一,阅读了大量国外文献,集中攻读该领域内杰出学者的研究成果,深入挖掘研究方向。搜集了国内外最新的研究资料,并整理总结,分门别类,为后续的工作奠定了坚实的理论基础。

第二,开展了广泛而深入的调研。利用浙江大学举办总裁班的机会,进行了问卷调查,大体上把握了现有浙江民营企业参与跨国联盟的情况,获得了所需要的大部分初始资料以及实证数据来源。另外,还对浙江民营企业与跨国公司跨国联盟的典型案例进行了跟踪采访。

第三,在国内最新的研究成果基础上,搜集而得的资料,完善了课题的整个理论框架体系,并运用各种统计软件对问卷数据加以分析,得到了较好的实证分析结果,切实做到了理论与实证的统一。

第四,总结提高。根据调查研究的成果和各方面搜集的材料,结合实证结果多次修改。

迄今为止,本书的研究已经取得了一定的成果:(1)《基于合作与竞争的跨国联盟稳定性分析》,《管理世界》2007 年第 7 期;(2)*An Analysis on Stability of Strategic Alliance: a Game Theory Perspective*,《浙江大学学报》(英文版)(EI 收录)2006 年第 6 期;(3)《联盟关系风险生成机制研究:以娃哈哈为例》,《科研管理》2010 年第 6 期;(4)《基于结构灵活性与刚性视角的企业跨国联盟稳定性研究》,《浙江大学学报》(人文社会科学版)2008 年第 6 期。

从原创性的角度来说,本书在以下几个方面有所突破:

第一,在企业跨国联盟关系风险及其控制机制在国内的研究中,首次将理论研究、实证分析和案例研究三个方面结合在一起,并实现了三个方面的有机结合。这一研究成果必然更加具备实践检验力和说服力。这是本书在研究方式上的创新点。

第二,在机制研究中,本书引入了演化经济学、博弈论等,以全新的视角来诠释企业跨国联盟中的关系风险,建立了生成、演化、控制三位一体的框架体系。同时,本书建立了一个全新的分析框架体系,不仅对原有的理论基础实现了扩充,而且更加便于对现实情况的解释。

第三,在理论与框架的基础上,本书通过问卷与调研的形式采集到所需的数据资料,应用现代多元统计学与计量经济学的实证分析方法对数据进行了验证,得出的结果较好地佐证了理论假设。

第四,在理论研究与实证结果的基础上,首次对企业跨国联盟关系风险的识别、把握和控制提出了具有建设性和实用性的意见。这将帮助政府以及企业更好地运用企业跨国联盟的方式来增强其核心竞争力。

三、本书的研究内容与结构安排

本书的研究思路遵循从理论到实证,定性与定量分析相结合的模式,通过提出问题、回顾总结国内外的理论研究成果、具体分析问题、实证检验及案例分析,最后给出全文的总结性意见。全文的结构安排,可以由图来作简要的描述(见图 0-1)。

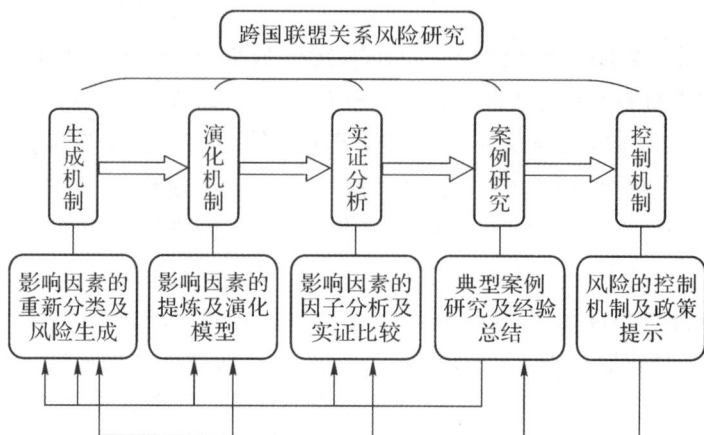

图 0-1　本书的结构安排

本书从内容上来看主要包含五个方面：

（1）引言及理论综述。引言部分概述了研究的背景和意义，简单地介绍了本书所采用的视角、方法及思路。理论综述部分综合地回顾总结了关系风险有关理论和现有研究成果：首先比较和界定了跨国联盟、跨国联盟关系风险的概念，然后重点围绕各个理论学派对跨国联盟关系风险的研究、关系风险的微观与宏观方面的控制理论对相关文献进行系统的梳理。

（2）企业跨国联盟关系风险的分析框架的建立，包括生成机制、演化机制两个方面。关系风险的生成机制包含从跨国联盟的市场基础、联盟的属性到关系风险的生成这一三维的分析体系，然后从两个视角具体地探讨关系风险的生成：即对不同阶段和不同类型的跨国联盟关系风险的生成机制加以区分。关系风险的演化机制中，本书首先分析单一因素对关系风险演化方向影响，然后在统一的成本—收益框架下，借助承受曲线工具研究关系风险动态演化机制。通过承受曲线，得出了关系风险向高位或是低位演化的路径。

（3）实证分析。在理论分析的基础上，针对浙江省企业跨国联盟关系风险的调查数据进行研究。利用最新的问卷调查数据，结合理论框架，对浙江省企业跨国联盟关系风险进行实证分析。通过对数据的分析，得出经济类因素、关系类因素以及时间类因素对联盟关系风险对关系风险的影响程度是相当重要的，虽然在分值上存在一定的排序，在一定程度上反映了这三大类指标的影响程度在企业家中的重要性的细微差别。

（4）案例分析。根据课题的理论框架，选取了四个具有代表性的浙江企业跨国联盟加以分析，探讨了在当今经济全球化的形势下，浙江企业跨国联盟关系风险的表现及把控：分别是正泰集团跨国、达娃联盟、东方通信与摩托罗拉跨国联盟以及波西联盟。前两者主要是为了分析浙江企业跨国联盟关系风险生成机制，着重分析了在两种形态（契约式联盟和合资）下跨国联盟关系风险的表现。后两者分别用来验证关系风险向高位演化和向低位演化两种机制。通过案例分析，很好地把理论基础与现实情况联系在一起，更具有说服力和实践意义。

（5）通过以上从理论、实证以及案例分析三个方面，全面而系统地分析了企业跨国联盟关系风险的生成演化机制，以及不同的影响因素对关系风险的影响强度。最后，从措施入手，就如何帮助企业跨国联盟更好地应对跨国联盟的关系风险，尽量减少风险损失，也就是说关系风险的控制，从微观（企业）、宏观（国家、行业）层面提出跨国联盟关系风险的管理控制机制。本书提出的控制机制分为正式控制机制和非正式控制机制，引入了程序公平、和谐以及合法性等概念，并将这些应用到关系风险的非正式控制机制当中，同时还从宏观层面分析了关系风险的缓冲机制。

目录
CONTENTS

企业跨国联盟关系风险及其控制机制
Relational Risk and Its Control Mechanism in Cross Border Alliance

CONTENTS

第一章

企业跨国联盟关系风险理论综述

第一节　企业跨国联盟关系风险研究述评

一、企业跨国联盟及关系风险的界定

(一)企业跨国联盟的界定

"跨国联盟"是相对于国内联盟的一个概念,对于本书来说就是指国内企业与国外企业形成跨国联盟。它可以是跨国公司与国内企业在中国境内建立跨国联盟,也可以是国内企业走出国门在其他国家与外国企业建立联盟伙伴关系。跨国联盟首先是一个企业联盟,只是对于联盟双方的背景属性做出了一定的界定。因此,要了解跨国联盟,首先需认识企业联盟。

Yoshino 和 Rangan(1995)给出了企业联盟三个充要的特征条件:

(1)两个或多个企业共同致力于一系列目标,并各自保持法人独立性;

(2)联盟企业分享联盟的收益及其对联盟绩效的控制;

(3)联盟企业在一个或多个关键战略领域如技术、产品等方面持续作出贡献。

因此,企业联盟可以认为是两个或多个企业之间部分地整合它们的技能和资源,并通过各种契约结成的追求共同战略目标和利益的组织。根据上述企业联盟的定义,企业跨国联盟相对应地可以认为是来自不同国家的两个或两个以上的独立企业为了实现一定的战略目标而进行企业间资源跨国整合的合作关

系。从当前的表现来看,这种资源整合的形式多表现为合资、契约联盟等。

(二)关系风险的界定

在传统的定义中风险被认为是一种不可预测的变量或是消极变量(Miller, 1992; Miller & Leiblein, 1996)。Ring and Van den Ven(1994)则指出了风险的两个方面:一是有关未来的发展状态,二是与合作有关。关于未来发展的风险包括由于外部力量引起的不可预测的变量以及无法实现联盟预定绩效的风险;而合作风险是指伙伴不再继续遵循原先的承诺而导致的损失。在后来的研究中,Das 和 Teng(1996a)改变了这两个术语,并将之归为跨国联盟的两种不同风险——关系风险和绩效风险,其中关于联盟双方合作关系的风险就是本书研究的对象所在。

Das 和 Teng(1996)认为,未来的跨国联盟中可能遇到关系和绩效两类风险:关系风险关注伙伴间合作是否融洽;绩效风险是指在假定伙伴间合作非常满意的前提下,联盟却没有达到战略目标的可能因素。Das 和 Teng(1998)认为联盟潜在的成功决定于有效的合作,因为联盟产生的目的在于开发和利用合作所带来的各种机会。但是,由于每一厂商都有超乎联盟利益的个人利益,这些利益(不仅仅指经济利益)驱动下的潜在机会主义行为就会导致关系风险的产生。由此可见,在信息不对称的现实背景下,联盟一方加入联盟的动机对于另一方来说很有可能是有害且难以发现的(Khanna, Gulati, & Nohiara, 1998)。

Nooteboom(1997)将关系风险定义为合作伙伴机会主义行为的可能性和结果,并对联盟中关系风险控制管理进行了实证研究。他从联盟中组织机构的视角验证了管理和信任对风险的影响,其中关系风险的估定包含两个方面:失败的可能性以及失败后损失的规模。

Williamson(1993)认为,关系风险来自伙伴潜在的投机行为,即借助于不正当手段狡猾地谋取自身利益。他将机会主义行为定义为以不正当手段谋取自利的倾向,这种倾向或者表现为事前的机会主义,如隐瞒信息扭曲信息以签订利己的合同,即所谓的逆选择行为;或者表现为事后的机会主义,即违背合同钻制度政策及合同的空子,也即所谓的败德行为。

Parkhe(1993)指出,关系风险一般产生于刻意隐瞒歪曲信息、逃避或者无法实现承诺或责任、占有伙伴企业的技术或是主要人员等。Kale 等(2000)将相互的信任视为关系资本,关系资本包含相互信任、尊敬和友好关系,这些都建立在联盟伙伴间个人层面之上。Delerue(2004)认为关系风险来自八个方面:感知的灵活度、权利、依赖、伙伴的可能欺骗行为、冲突、无学习能力、核心能力的缺失以及侵犯。

综上对关系风险的研究,作者将关系风险定义为联盟伙伴可能因对方的欺骗、盗取信息或是核心人员、逃避或是无法实现承诺和任务而产生的潜在损失。

二、基于不同理论视角的关系风险研究与比较

(一)基于交易成本理论

"联盟"是一种市场交易外的包含很多种企业间合作形式的大概念。该理论认为企业加入跨国联盟是因为可以降低交易费用,但是从根本上说他们最终关注的是自身利益。交易成本理论受到了经典合同理论和自身利益角度的启发,主要考虑效率优先和减轻伙伴方机会主义和价值挪用方面。文献中对于联盟的解释关注完全所有权、市场合同以及媒介地位所带来的优势之间的折中选择(Contractor and Lorange, 1988; Hagedoorn, 1993; Osborn and Baughn, 1990)。联盟会产生协调以及相互依赖的问题,交易成本理论特别关注这些问题。Chiles 和 McMakin(1996)辨析了交易成本理论中的两个角度:其一是长期进化角度,目标交易成本决定了最适管理模式的存在;其二是短期管理选择角度,管理者管理基于不同风险看法和评估的人为成本。后者解释了为什么在类似环境下的企业可能会产生不同的贸易选择。

根据交易成本理论,信赖是转移成本的结果,是从特定投资中产生的。也就是说,在一个给定的联盟外,这种信赖就可能一文不值(Williamson, 1975)。虽然合伙关系的目的在于创造联合价值,但是存在着机会主义的信任风险。这种风险可能导致伙伴方在单一企业内部进行整合活动,例如通过资产销售、并购或是合资,以获得对机会主义的更好控制(Joskow, 1985; Williamson, 1975)。但是不同企业间的非整合的契约联盟比整合的具有以下优势:单独企业对于各自的生存责任具备更强的动机,分工企业之间生产的规模效应(Williamson, 1975)以及更强的构造灵活性即意味着产品之间成本分摊的效率更高。

(二)基于资源依赖理论

资源的观点认为资源的特质决定风险的特征和管理方式,企业结盟是为了掌握关键资源,提高别人对己方的依赖,降低己方对别人的依赖,从而在伙伴关系中产生一种不平衡(Inkepen and Beamish, 1997)。这种不平衡将会使合作伙伴产生对合作另一方的未来行为不确定性的担心,因而出于保护己方的资源不

受侵占的动机,双方之间潜在的关系风险便会产生。该理论是一个比较开放的系统框架,认为必须从外界获得资源以保证组织的存在和繁荣,这种必要性导致了组织对外在单位的依赖。同时他们认为组织都在争取获得对关键资源的控制以降低对外在单位的依赖,提高其他组织对自己的依赖,也就是说提高自己在自己所处的关系网络中的权力。资源依赖理论更强调互补型资源的重要性,认为通过资源的组合可以更好地形成独特的竞争优势。比如公司可以通过将彼此主要的人才联合起来,或联合不同的市场力量,形成更大的竞争优势,这样的优势往往是一个公司所做不到的。

企业间建立联盟的主要原因是对其他企业资源的依赖,可以是财务或物质等有形资源,也可以是技术、商誉、文化以及商业机会或渠道等无形资源,从联盟获取知识、降低学习成本更是形成联盟的主要动力之一。联盟价值链中合作者之间通过信息交换、知识共享和联合投资等来共同创造联盟的价值,从而形成一种特殊的企业间交易关系。但对于跨国联盟来讲,重要的资源是与Prahalad 和 Hamel 的"核心竞争力"有关的资源,或者是 Williamson 所定义的"专用性资产"以及 Jensen 和 Meckling 所指的专门知识。这样的资源在一个公开的市场交易中是不可能获得的,往往需要采取非市场的交易形式来获取。尽管联盟中的企业能够认识到合作的潜在价值,但是合作者的自利会给联盟带来风险,因为任何合作者在决策中都会考虑资源投入的套牢问题;为避免套牢,任何企业都会尽可能避免专有资源的过多投入,这是影响联盟不稳定性的最主要原因之一。Barney(1995)认为厂商可以使用三种资源——信任、声望和谈判能力作为企业的管理手段,但是,这三种资源并不都可能成为企业竞争优势的来源。其中,信任的作用最为明显,但如果能够和其他的管理手段相结合,那么就会更加有效。

该理论的缺陷在于低估了公司独立创造可持续竞争优势的能力,无法解释企业为什么要形成跨国联盟,又如何获得资源从而保证组织竞争力的发展。

(三)基于公平理论

YaDong Luo(2008)运用公平理论来研究跨国联盟中的合作关系。公平包含结果公平和过程公平,研究合作关系更加注重过程公平。过程公平通过加强关系联结来减少关系风险,从而增加了合作的产出。过程公平通过由公平产生的信任增加而获得间接效应。比起合同关系,过程公平更有助于合资企业获得更出色的表现。

公平是所有类型的经济活动的基础,特别是对于必须要面对大量内部和外部不确定性的跨国联盟来说则更为重要。过程公平关心动态决定过程的公平程度（Lind and Tyler，1988）以及决定过程影响相互关系质量的方式（Greenberg，1986），这对于联盟伙伴间的行为和相互贡献具有指导意义。同时，过程公平经常用于确定联盟每一方的可信程度和对不确定的环境的忠诚度（Johoson，Korsgaard，and Sapienza，2002）。

由于联盟各方对于另一方的可信度和忠诚度没有足够的信息，也无法确定各自最终所能分享的收益，因此，他们会求助于过程公平来决定各自的参与程度。因为在关系风险和不确定性的存在，很难预测联盟的收益，由此可见过程公平可以作为促进长期合作的基石（Parkhe，1993；Reuer and Koza，2000）。

有效的过程公平强化了合作组织中的忠诚度，抵消了由于不同组织规范、价值和文化分歧所产生的"脆弱效应"（Lind and Tyler，1988）。Shapiro 和 Brett（2005）指出过程公平（包括一方在决定选择之前表达自己想法的机会）有助于联盟各方感受到各自的利益可以不受任何一方的机会主义倾向所影响，从而使利益得到保障。在战略决策过程中，过程公平可以放大新的内部组织规范的接受程度并减小在管理方式中的差异（Johnson，1997）。通过这种内部化，各方的合作能力和忍受程度可能会得到加强，这也就巩固了反应的一致性（Das and Teng，1998；Doz，1996）。

公平理论强调了过程公平是信任和忠诚的重要来源（Brockner，2002），这为企业间的合作带来了新的视点。同时，集团或是社会特征规范，例如公平、尊重、利他主义和礼貌在公平理论中被视为是企业间关系的重要纽带，对于伙伴间的情感、冲突管理以及知识共享都是极为重要的（Allen and Meyer，1990）。

（四）基于网络理论

Jarillo（1988）首先提出了"战略网络"的概念。他认为战略网络不仅是一种组织模式，而且是一种关系网络，是获取企业生存和发展所必需的资源和知识的关键渠道以及企业竞争优势的来源。Johanson 和 Mattson（1988）提出了全球化的网络模型。该模型把市场看做企业之间的关系网络，通过企业之间的相互交流获取广泛的知识，从而来开展经营活动。由于知识分散在不同企业，企业需要持续地交易和维持长期的关系才能确保获取这些知识，而这正是网络模型下关系风险存在的基础。

网络理论认为企业所处的社会环境是一个关系网，企业和网络参与者间的联系以及它们之间的资源关系都会影响企业各方面的能力。联盟的优越性主要体现在：联盟是一种较为稳固的社会关系，它是企业的一种社会资本，可以为企业提供更多的新技术资源储备。联盟网络是由企业所加入的一系列联盟所组成的网络(Bae and Insead),由于联盟中每一成员企业都具有独立法人地位,彼此之间不存在任何行政上的隶属关系,而整个联盟网络是靠共同的利益所产生的凝聚力暂时维系在一起的动态联盟。一旦这种利益关系产生失衡,传统实体企业内的行政管理职能就失效了,这就使得网络联盟企业存在着不可避免的组织风险,或是关系风险。

跨国联盟作为企业间的网络化系统,其最大的着眼点是在经营活动中积极地利用外部规模经济。当企业内不能充分利用已积累的经验、技术和人才,或者缺乏这些资源时,可以通过建立跨国联盟实现企业间的资源共享,相互弥补资源的不足,以避免对已有资源的浪费和在可获得资源方面的重复建设。跨国联盟的建立可扩大企业对资源的使用范围,提高本企业的资源使用效率,减少沉没成本,从而降低企业的进入和退出壁垒,提高企业战略调整的灵活性。

网络理论认为跨国联盟内部由于存在组织规模的变化和异质化程度的改变会导致组织一致性成本的变化,组织一致性的成本越高,跨国联盟内在的不稳定性也就越高。这也就能够从一个角度来解释跨国联盟的高失败率。

(五)基于委托代理理论

委托代理理论认为,集团经济行为可以因为团队合作而变得有利。然而,交易关系中的经纪人追逐的是服务于个人的目标,所以必然要建立明确的契约并监督其执行。委托代理关系是一种显性或是隐性的契约。Reuer 和 Miller(1997)认为在联盟中盟主企业(或中心企业)作为联盟的发起人负责对联盟伙伴进行选择、管理和监督,其角色相当于委托人。而盟友企业(外围企业)则主要根据合作协议的内容开展各项相关的合作 R&D 活动,其角色相当于代理人。这种角色上的分配就有利于本书用委托代理模型来分析由于不确定性的存在而导致的关系风险。

Reuer 和 Ragozzino(2006)验证了委托代理理论可以部分解释厂商联盟扩张。根据委托代理理论,行为观察力和产出的不确定性被视为定义特殊联盟形式的两个维度(Eisenhardt, 1989; Kirsch, 1996)。Shan 和 Swaminathan(2008)实证检验了在跨国联盟中对过程和产出的控制能力对于信任、忠诚、互补性以及决定伙伴吸引力的资金产出方面所起到的缓和作用。

最早的双边道德风险概念由罗宾(Rubin, 1978)提出。他还用这一概念研究特许权许可合同的安排问题。在这之后,温特(Winter, 1980)和劳尔(Lal, 1990)等人针对不同的具体问题构造了各异的双边道德风险的数理分析模型。

由于双边委托—代理关系的复杂性,这些模型都是基于简化性假设条件而构造的。

(六)基于战略管理理论

战略管理理论,也就是基于资源观的理论,最初由 Peneraf 等人在 20 世纪 60 年代提出,经过 Barney 等人的努力,在 80 年代发展为主流的战略管理理论。其间经历了"资源—能力—资源与能力相结合"三个阶段,其中传统的资源学派与动态能力的观点最具代表性。这一观点认为:拥有关键性资产能够增强竞争优势。

在联盟之前,企业所面对的是依赖于自身资源和经验所能产生的一系列机会的组合。当联盟之后,联盟所面对的又是另一个不同的组合(Arthur,1989;Dierickx and Cool,1989)。这一组合可能产生的是乘数效应,而非加法效应。因此,资源合并被认为是导致跨国联盟的重要因素之一。因为,如果一个联盟能够为了利益最大化而有效运作,伙伴企业之间的资源就可以相互交流,而这种最大化的目标的基础是信任。如果信任由主观可能性来确认,即一方不会谴责另一方的依赖性,那么任何有助于这种主观可能性的事情都可以归为信任——任何限制一方的机会主义行为的实行。这可以包括一方通过合同、监管获知威胁(胁迫)对另一方行为的直接控制,可以包括用于限制一方(例如名誉保留权)的个人利益的动机(Weigelt and Camerer,1988)、当前对于从合作中获得的未来奖励的期望(Telser,1980)或是保护抵押权的需求(Williamson,1985)。的确,这些资源都包含在信任的含义中(Chiles and McMakin,1996),Williamson(1993)认为任何信任的概念都是基于升职或是对于自身利益的保护。

如 Hirschman(1984)所指出,信任不像大多数的商品,它可以在使用中生长而不是耗尽。因此,习惯化成为了"无形资源"的一个部分(Itami and Roehl,1987),这使得未来的合作更加容易完成。Barney(2004)认为厂商可以使用三种资源——信任、声望和谈判能力作为企业的管理手段,但是,这三种资源并不都可能成为企业竞争优势的来源。其中,信任的作用最为明显,但如果能够和其他的管理手段相结合,那么就会更加有效。

(七)基于动态联盟理论

动态联盟又被称为虚拟企业(Byrne,1993),这是一种在高速变化的市场中寻求机会的暂时性组织。动态联盟之间往往采用契约的形式结盟在一起,是围绕项目进行合作的企业间的动态经济组织。根据这一特点,动态联盟中的每一个企业具备自主权和独立性,同时他们也会为了实现联盟整体目标提供相关核心能力。动态联盟最大的优点就是能够对市场变化做出快捷的反应,从而能够抓住转瞬即逝的机会。

Li 和 Liao(2004)认为动态联盟中的关系风险包含四个方面:信任风险,联盟双方之间的不信任增加了交易成本,降低了对市场机会做出有效反馈的能力,从而影响了联盟的合作和运营;道德风险,产生于合作伙伴的潜在机会主义行为,例如推卸、逃避、欺骗、歪曲信息、占有核心资源等;动机风险,联盟一方所承担的风险与其收益不成正比,从而对联盟失去信心;组织风险,联盟企业的组织结构不适应动态发展的需求,不同的企业文化会与联盟的管理模式发生冲突。

Peng 和 Shenkar(1997)认为动态联盟失败的原因大多可归结为联盟内部缺乏相互信任,由于知识外溢和知识揭露悖论的存在,更使信任成为合作成功与否的核心因素之一。动态联盟之间之所以信任缺失的根本原因还是来自于这一联盟的性质。动态联盟通过资源的组合为联盟成员带来利益,但是这种利益在很多情况下突出表现为短期利益,由于没有强大的合同上的制约,有可能会导致联盟伙伴之间分配的不公平,这两方面的原因就体现为动态联盟的关系风险。

(八)基于社会交换理论

根据社会交换理论(Blau,1964)交换和合作通常具有社会维度(内在效用)以及经济维度(外在效用)。经济学家倾向于将交换中的价值视为独立于交易而存在的事物。正如 Murakami 和 Rohlen 所说"关系本身的价值经常被忽视了,而总是假定交易的非人格性"。在内在效用中,交换的价值和交换过程本身以及交换产生的经济剩余有关。Buckley 和 Casson(1988)还验证了交换过程的重要性。人们可能将给予信任及其资源的交易视为道德规范、血脉关系、朋友关系以及移情。社会交换更多地依赖于非专有化的模糊责任,这些责任决定于共有的意图、信念以及道德体系,而不是共有的合同。这种认为交换包括非契约要素的思想可以追溯到 Durkheim。

信任的经济相关性是指它减少了合同的详细规定以及监管,提供了合作的物质动机,摒弃降低了不确定性(Hill,1990),因此交易就更为便宜、适宜且方便。相比较而言,当条件变化时详细的正式合同较难修改条款(慢且耗费较大)。除了其自身的价值,信任可以支付这些费用,但是它同样有可能带来背叛的风险。

合作关系的发展类似于婚姻关系,一个稳定的关系直接与信任相联系(Anderson and Narus,1990)。先前的一些学者认为信任是影响关系发展的先决条件,但是 Ganesan(1994)认为一个稳定的关系同样可以影响信任。

三、关系风险产生原因综述

随着经济全球化和科技的迅猛发展,很多企业为获得竞争优势、进入新市场、学习新知识和新技术、分担风险和共享资源而在国际范围内选择组成跨国联盟。但是,它也被认为是一个高风险的策略选择。企业跨国联盟不同于其他独立企业战略的原因是,除了普遍存在于任何企业中的绩效风险外,还存在公司间合作的不确定性——关系风险,它对企业跨国联盟的成功与否起着关键性的作用。而国内外学者对跨国联盟关系风险产生原因的研究文献一般可分为内生和外生两个角度。

联盟风险的产生决定着其自身的、内源性的特点,归纳起来有四点:(1)主客观交互性;(2)不确定性;(3)负面性;(4)相对性。研究指出,在某个环境中不确定性的控制和风险形成了管理的根本所在。风险分担和控制已经在其他研究中作为合作跨国联盟的重要理由提出。例如:许多研究者将技术联盟中的 R&D 风险控制和风险降低作为与 R&D 相关跨国联盟中的关键问题(Gulati,1995)。在技术联盟的战略制定过程中,虽然风险考虑是关键的(Brouthers,1995),但是对现有企业跨国联盟关系风险成因的研究都无法从根本上解释企业跨国联盟关系风险的本质,传统的风险一直被作为不曾预料的变化或只有负面的变化。

Jay and Mark(1994)认为企业跨国联盟的各方主要面临两种不确定性:一是未来变化的不确定性;二是联盟各方对未来变化所做反应的不确定性。随着联盟的不断扩大和国际经营环境的日益复杂化,联盟的内部和外部环境随时会发生许多意想不到的变化,未来事件和各成员企业对这些事件的反应的不确定性就越大。所以,联盟常常具有关于各成员企业将来行为的不确定性引起的联盟关系风险。因此 Jay 和 Mark(1994)认为企业跨国联盟中的关系风险主要源于三个方面:潜在的机会主义行为、联盟伙伴目标差异与利益冲突、资产专用性。从对关系风险的定义出发作者可以得出,伙伴的机会主义行为是联盟关系风险最重要的一个来源(Das,1998,2001;Nooteboom et al.,1997),而且源自联盟伙伴目标差异与利益冲突、资产专用性的关系风险最终都可以归结为是机会主义行为导致的。

学者们对机会主义行为的研究已有几十年的历史。过去的交易成本理论认为机会主义行为是不变的或是固定的变量,但现在或者未来有关交易成本理论的文献都认知到机会主义行为是一个可控制的变量。Williamson(1985)认为机会主义(opportunism)是一种基于追求自我利益最大考虑下而采取的欺骗式策略性行为。故机会主义行为是一种追求私自利益的狡诈行为(self-interest seeking with guile),其中包括主动、被动、故意扭曲信息或说谎欺骗的行为,费用报表的扭曲(Wathne and Heide,2000),偷梁换柱(bait-and switch tactics),质量欺骗,违反促销的协议。故机会主义行为的概念可应用的范围很广,凡包括可能的行为差异或是明显地违反契约的约定(Wathne and Heide,2000)都是属于机会主义行为的一种。

而机会主义行为大都与信息的不对称或是信息的扭曲有关。机会主义行为可分为两类(Wathne and Heide,2000):(1)违反契约(故意)的机会主义(Blatant Opportunism)。Williamson(1975)对机会主义行为的原始定义为,一种追求私自利益的狡诈行为(self-interest seeking with guile),此行为是一种自利的行为。之后Williamson(1985)又将机会主义行为定义为一种说谎、偷窃、欺骗、透过错误的计算来引诱别人犯错、扭曲、伪装、使混乱或使困惑的行为。所以机会主义并不完全等于自利行为,机会主义者与自利行为者最大的差别在于,前者会尽可能地隐藏其真实的意图及目标,而后者是会将自己的意图及目标告诉合作伙伴。事实上,这些行为都是由于较弱的道德观或者是对契约未能诚实或是未能维持一致的互动准则所造成的。(2)合法的机会主义(lawful opportunism)。根据Williamson(1975)对机会主义的定义,明确的契约可能被投机者积极或是被动地违反。Williamson(1991)把和违反正式契约无关的机会主义行为叫做合法的机会主义(lawful opportunism),即合法但却是不道德的追求私利所引起的机会主义行为。通常正式的契约很难对组织之间的关系做出强而有力的约束。即便是组织之间存在的这些契约也是由组织之间所发展出来的非正式性的规范及通讯的协议所延伸而来的。而这些契约称之为关系契约,有时又称之为社会契约。这些契约通常都是一种框架的描述,而不涉及完整及详细的描述。交易成本理论及相关的文献都将与机会主义相关的观念由正式的契约扩充到关系契约的范畴(Williamson,1985,1991)。Williamson(1991)则使用合法的机会主义(lawful opportunism)来表示违反非正式契约的情况。

Wathne和Heide(2000)进一步地将上述两类机会主义所呈现的行为分成积极与消极(active and passive)的机会主义。当环境改变时,若投机的一方拒绝对已改变的环境做调整则称之为消极的机会主义。Williamson(1985)认为当交易的一方从持续的交易关系中所得到的价值受到交易另一方的剥削时,受剥削的一方较易产生背叛契约的可能。积极的机会主义是指交易的一方会积极地去开发新的环境,使交易的对方能做出更进一步的让步,而这已不是对环境做出不反应的行为而已,其还包括透过改变环境而促成重新的协商并使交易的一方做出让步的行为。

而积极与消极机会主义行为的发生,将视是否在既有的交易关系环境或是原始的交易环境因外来事件的影响而产生的新环境下有不同的机会主义行为。现将 Wathne 和 Heide(2000)关于机会主义的分类详细说明分述如下:(1)逃避型。在既有的情况下,消极的机会主义会逃避责任义务,如联盟成员未能遵守先前合约,这可能使其因为成本节省而获利,然而长期下来联盟双方会因为节省成本而导致质量下降,进而使顾客不满意,迫使整个联盟的财富分配及创造都受到影响。(2)拒绝调适型。消极的机会主义在新的环境之下缺乏适应环境的弹性或是拒绝调适者,而这样的行为长期而言将会使交易双方的交易关系难以维系。(3)违反型机会主义行为。积极的机会主义在既有的环境之下,投机的交易一方会从事交易对方所禁止的行为。投机者会使交易的对方(受害者)有直接的成本损失。(4)强迫重新协商型。在新的环境下采取积极的机会主义行为,其目的在于透过掌控新的环境,以引诱对方做出让步,这样的机会主义行为常见的结果是利益(财富)的重新分配。不同形式的机会主义会有不同的结果,也就是说交易双方的财富创造及利益分配会受到影响。

从以上的分析可看出,很多学者分析关系风险的内生性根源——机会主义都是从 Williamson(1985)关于机会主义的定义出发的。在跨国联盟的范围内,机会主义行为包括违背承诺、未按协议将资源共享、说谎、偷窃、欺骗、扭曲、伪装、误导(Das and Rahman,2002)。Das(2005)深入分析了联盟成员的欺骗行为,并将其分为短期欺骗行为与长期欺骗行为两类。因为长短期欺骗行为因联盟双方自身的特定的不同,相对应的短、长、期欺骗行为就对应高、低两类关系风险。但是,经济学、管理学、社会学方面的学者将机会主义视为一种无差别的现象。直到最近才有学者开始研究机会主义的本质特征(Wathne and Heide,2000)。Lee(1998)等人检验了已有的机会主义的影响因素——决策的不确定性、文化差异、经济的母国中心态度,并证实了这些。而客户专有资产、互惠性的缺乏、不确定的市场和技术环境也可作为预知伙伴机会主义的决定因素。Wathne 和 Heide(2000)认为联盟成员在信息不对称和锁定效应下较易受到另一方机会主义行为的侵害。同时,有学者指出外在合作机制的建立可能会影响到机会主义的决定因素。例如,Gulati(1995)认为伙伴之间的熟悉度促进信任(一个合作的基本前提)。因此,联盟伙伴之间的熟悉度有益于减缓机会主义行为,但可能带来联盟绩效的降低(Anthony,2007)。

跨国联盟关系风险除了内源性的影响因素之外,一个值得探讨的问题是伙伴机会主义行为而引致的关系风险是否与一些外生的因素如宏观经济环境变化导致的需求的不确定性、技术的不确定性有关。明显的,这些因素限制了联盟特定目标的实现,从而增加了联盟的关系风险。但是,这些条件对成员之间的合作行为是无直接影响的。国内有部分学者从宏观经济、政治、法律等几个方面来对跨国联盟关系风险外生性的影响因素进行了相关的研究。

(一)宏观经济因素

一般而言,宏观经济状况差别越大,联盟双方所处环境差异越大,联盟伙伴在合作上的共同利益区域相对越小。宏观经济状况可表现在如基础设施、科技情况、产业经济结构、经济政策等方面。

1.基础设施

基础设施的差异直接影响企业的经营(蔺丰奇,刘益,2007),企业的产品最终要经公路、铁路、航空等渠道运输出去,基础设施越差,运输成本越大,同时,产品销售滞后的可能性越大,这会制约企业经营。两个宏观经济状况差异较大国家的企业结成联盟,伙伴公司在战略制定、生产规划、物流管理上的差异越大,它们合作的范围就较小,联盟成功的概率也会越小。这类联盟中潜在的机会主义行为较大,伴随着较高的联盟关系风险。

2.科技状况

基础设施差异越大的国家,两个国家的科技水平的差异也会越大,因此,两个公司在科技开发方面合作的可能性越小,相互之间发生利益分配冲突的可能性越大,联盟因面临高关系风险导致联盟失败的可能性也越大。科技状况的差异反映了不同国家的企业科技开发与利用能力的差异。两个跨国公司在结成联盟时科技差异也将会间接影响联盟内生性因素。因而科技水平差异越大,联盟失败的概率也越大。两个科技水平实力相当的跨国公司结成联盟时,它们的科技创新能力、科技吸纳能力相当,相互之间更容易在核心技术上进行互补,联盟关系风险较低。另外,伴随科技发展而不断飞跃的互联网技术也在联盟中发挥着重要的作用。互联网对跨国联盟的成功的影响主要体现在信息对称或信息优势的影响上。联盟伙伴之间的网络技术、网络管理的状况越好,联盟伙伴之间的信息沟通、信息传递速度越快,伙伴合作的效率越高(潘旭明,2006),伙伴之间的信息不对称状况也越低,从而降低了因信息不对称而导致的机会主义行为的风险,降低了联盟关系风险。

3. 产业经济结构

联盟伙伴所在国的经济结构差别越大,表明两国在产业结构的侧重点、产业重心上存在差别。这使发达国家的跨国公司向发展中国家提供技术支持的可能性增大,特许经营、技术许可形式的联盟增多。但两者在合作上的不对等地位(Homin Chena and Chen,2002)会增强合作的难度。双方会更注意短期利益,促使联盟寿命缩短。当跨国联盟伙伴对过大经济结构的差异没有引起足够重视时,会间接影响到联盟的关系风险,从而使联盟失败的可能性增大。相反,若联盟伙伴注意到了经济结构的差异可能会带来的冲突,从而设计相应的防范机制、协调机制,则会在某种程度上降低联盟的关系风险。

4. 宏观经济政策

经济政策因素是另一重要的影响联盟成功的因素(蔺丰奇,刘益,2007)。两个国家宏观经济政策差异越大,联盟伙伴所面临的税收、劳工限制等的差别也越大,联盟伙伴双方因这些差异而产生利润分配、成本核算等方面冲突的可能性也会增大,联盟伙伴有效合作与有效竞争的困难增加,伙伴潜在机会主义行为增加。总之,联盟伙伴双方所在国的经济差异越大,联盟伙伴整合的难度就越大。如果联盟伙伴不能很好地相互学习、协作,则联盟失败的概率增加;若联盟伙伴能增强对差异的重视,采取有效的协调竞争的手段,就能降低引起联盟关系风险的可能性。

(二)政治因素

跨国公司在缔结跨国联盟时,一般是跨国界的联盟,它必然处在国际政治关系的波动之中从而面临着政治风险。一般而言,政治风险包括国有化风险、战争风险,以及联盟伙伴公司所在国的国内政变、暴动、骚乱和革命所引发的风险。政治风险越大,这些风险转移成为联盟关系风险的可能性也越大。政治风险中最重要的风险即是由于国内政治和经济的变化对国外资产及其赢利的影响(杨海涛,1995)。因此,即使某一跨国公司在客观上完全有能力以自身的人力、物力和财力建立起子公司,它也会出于降低风险的考虑,跟东道国或东道国以外的公司建立联盟。由于这样的安排,东道国在考虑没收、征用、国有化等极端措施时,就必须考虑到本国企业以及联盟各公司母国的反应,在一定程度上减小这种风险,从而有利于联盟的存续。假如联盟伙伴通过互相学习,在战略上进行有效合作,并关注这种差异性,则伙伴机会主义行为降低,联盟成功的概率相应增加。同时,当政治、经济等原因引起的风险不可避免时,由于联盟各方分摊风险,可以使损失在一定程度上得到减少。

(三)法律因素

若跨国公司联盟是在两个不同法律体系的国家之间形成的,联盟会遇到法律风险的影响。法律风险是指跨国公司联盟因两个公司所在国的法律差异而导致的部分契约难以执行、联盟存在解体可能的风险。日前,世界各国的法律大致分为普通法体系或大陆法体系。普通法体系以传统的、过去的惯例及过去判例的解释为法律先例,不以规范性的文件形式表示。大陆法体系的基础是一个由成文法规构成的无所不包的法律体系。跨国联盟的缔结形式是以正式的或非正式的契约为基础的,不同的法律体系对契约条款的理解与执行存在差异。一般来说,法律体系的差异越大,跨国公司跨国联盟的合同执行的差异就越大,联盟伙伴发生法律冲突的可能性越大,联盟关系风险就越高。而如果联盟伙伴在联盟谈判时对法律体系的差异予以关注,对可能产生法律歧义的条款谋求共同的理解,则能避免契约执行的差异,这又会降低联盟关系风险。同时,不同的法律体系还会影响联盟伙伴间的合作与协调,不同的税法会导致联盟伙伴缴纳税款的比例不一样,这会导致利润分配不均等问题,这又会引发联盟伙伴之间的矛盾,增大合作失败的可能性,导致联盟的失败。总之,法律差异的大小与联盟的关系风险的高低是相关的。

第二节　企业跨国联盟关系风险控制理论述评

一、控制机制的内涵

Geringer 和 Hebert(1989)对"控制"下的定义是:"控制"是指过程,通过这个过程一个实体影响另一个实体的行为和产出。Leifer 和 Mill(1996)进一步将"控制"进一步细化为一个限制过程,在这个过程中一个系统的要素通过在追求某一期望的目标和状态中所建立的标准而变得更加可以预测。无论控制如何被定义,都要包含三个要素:组织设置、调整行为的过程和组织产出。一个好的控制意味着一个了解情况的人可以有一个合理的信心,相信不会有大的不好的意外发生。控制的目标在于,根据如果通过某种限制就可以达成组织的最终目的的预期来决定组织的行为。公司往往利用控制机制来常规化它们的行为或促进非路径化的行为如学习、风险承担和创新(Das and Teng,1998)。所谓控制机制就是一种组织安排,用以决定和影响组织成员去做哪些事情。使用控制机制是为了实现足够的控制水平,也就是说,通过建立正确的控制机制来使预期目标的实现变得更加可预测。在联盟中,控制是必不可少的,联盟成员往往通过控制合作者以实现对联盟的控制(Das and Teng,1998)。因此,有效的控制对于实现一个满意的联盟绩效来讲非常重要。联盟中的控制主要是通过治理结构、合同细则、管理安排和其他非正式的机制来实现的。

现有的研究对联盟的控制目标大致分为三种:防范机会主义行为、降低协调成本、最大化价值创造。在联盟风险控制方面,Eisnhardt(1985)和 Helene Delerue(2005)提出存在两种基本控制方式——外部的基于度量的控制和内部的基于价值的控制。第一个方式强调利用和确立正式的规则、程序和政策去监视和奖赏满意的伙伴,因此,它被称为正式控制。正式控制主要是对各成员企业的行为和结果进行控制。第二个方式依赖于建立组织规范、价值、文化和目标的内化去鼓励满意伙伴的行为和结果,在这里,合作企业由于控制而减少了目标的不一致和偏爱的分歧,因此,它被称为社会控制或非正式控制。社会控制是通过建立共同的文化和价值来减少组织成员目标选择的差异。Das and Teng(2001)将控制分为行为控制、产出控制、社会控制三类,并认为行为控制和社会控制可以有效地减少关系风险。

二、正式控制机制的研究

Nooteboom、Berger 和 Noorderhaven(1997)在总结前人研究的基础上,将联盟关系风险的控制方法总结为:(1)减少专用性资产的投资,从而减少转换成本、被套牢的可能或降低潜在的损失(当关系破裂或合作者采取机会主义行为时);(2)采取多合作者战略,这样就可以降低一个合作者相对于其他合作者的价值,从而防止被套牢和潜在的损失;(3)通过契约和监控来降低合作者机会主义的空间;(4)通过设置抵押来减少机会主义的机会和激励;(5)通过接管或组建合资企业来减少合作者机会主义的机会(某种程度上相当于设置抵押);(6)建立具有吸引力的未来发展前景来减少合作者机会主义的激励;(7)通过威胁破坏合作者的声誉来减少合作者机会主义的激励;(8)提高合作者与专用性资产的关系来提高它的转换成本和潜在损失;(9)通过提高合作者价值的专用性来降低合作者机会主义的激励;(10)通过个人间的纽带建立共同的标准和价值观念从而建立的信任来减少合作者机会主义的偏好;(11)只选择与自己具有共同标准和价值的合作者。综观这11种控制方法以及对关系风险定义的理解,防范机会主义行为是重中之重,因为大部分协调成本的产生也是源自对伙伴机会主义行为的担心。

用结构激励和动机激励的方法来控制联盟关系风险的模型(如图1-1所示)是建立在一系列假定条件之上的,这些条件包括:(1)每个成员拥有的资源数量相同,其投入联盟的资产和数量也相同;(2)各成员在联盟中的决策权相同,处于绝对平等地位;(3)不同成员同时做出相关的决策;(4)不同成员的获利水平是对称的;(5)联盟产出分配公平等。因此,联盟的成功必须解决的是社会困境问题。他们认为有两种机制对于公共物品供给类的社会困境问题起到有效的规制作用:其一是"动机激励法"(motivational solution);其二是"结构激励法"(structural solution)。

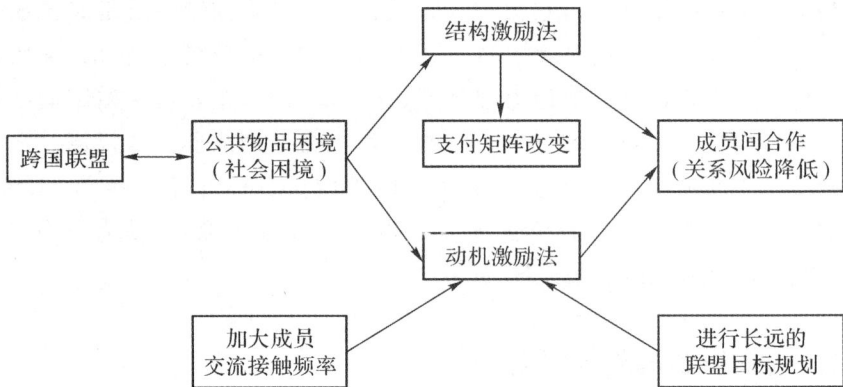

图 1-1　基于社会困境理论的联盟分析模型

结构激励法的重点是强调合作后的分配,而动机激励法强调加强交流、加强伙伴识别和合作规范制定的重要性。其中的动机激励法与 Das 和 Teng 强调的信任问题具有基本相同的含义,其本质是通过联盟成员之间的交流和沟通等社会、心理和个体行为等来抑制成员损人利己的机会主义行为而实现关系风险降低的目标。与 Das 和 Teng 建立在控制基础上的合作规制机制不同,结构激励法是建立在激励相容基础上的,强调的是借助于博弈规则的改变来达到激励相容的目的。相对于结构激励法,作者更强调基于社会因素的动机激励法,而非基于理性人假定基础上的突出经济利益的结构激励法。而在本书的分析中,联盟成员在投入资源数量、对联盟产出的影响等方面存在差异。另外,跨国联盟的企业架构、管理风格等问题和公共物品供给问题之间存在很大的区别,至少在彼此提供的物品的属性或质量上存在差异。

三、非正式控制机制研究

(一)信任

A. Lado 等人(2008)的分析表明联盟关系风险高低的一个重要影响因素取决于联盟成员之间的信任程度。因而在非正式控制方式中,信任的培育非常关键。前任美联储主席 Alan Greenspan(1999)曾经说过:信任是任何基于相互利益交换的经济系统的基石。在联盟中,组织间通过长时间的相互合作建立了紧密的联系,形成了关于另外一方可靠的积极预期。联盟得以形成和发挥作用就必须有一个最低程度的信任(Das and Teng,1998)。Williamson(1985)认为:如果不存在机会主义行为倾向,交易双方通过承诺、信任及沟通就能达到协调的目的。Anderson 和 Narus(1990)将联盟中的信任看成是一种积极的预期,即一个公司相信另一公司将会实施对其产生正向结果的行动,而不会采取预料之外的导致负向结果的行动。

在联盟中,信任之所以如此重要主要是出于三点原因:(1)无论怎样地完全、详细,没有一种合同或协议可以界定所有的问题以及每一种可能发生的情况,正式的合同永远无法预测和确定在联盟的整个寿命周期内可能发生的所有事件和变化(Das and Teng,1998)。(2)联盟是由多个独立成员组成的,极有可能发生职能上的冲突和不信任。当合作者相互不信任时,他们将会隐藏或阻止有关的信息,只要有机会就会不公平地利用对方,在这种情况下联盟将面临很高的关系风险,很难实现可能从联盟中得到的所有的共同利益(Cullen et al.,2000)。合作者的不可靠、不公平而最终导致联盟成员的机会主义行为都会将联盟推上一条非最优化的道路,并可能导致联盟的解散。(3)信任涉及联盟中的学习竞赛(Das and Teng,1998)。学习是很多联盟形成的一个重要原因和目标,有些联盟就是为了技术转移和交换或合作开发而形成的。如果合作者相互不信任,新技术发展所必需的信息和科学知识的交换、缄默知识(包括技术、能力和包含某些组织文化要素的做事方式)的转移就不可能发生。另外,联盟在成立之前的谈判阶段中,双方的管理决策机制、实力对比、资源禀赋也影响信任的实现。Lado(2008)等人认为在非对称的能力(合作伙伴之间的能力悬殊)和资源禀赋(资源互补性)之间,议价能力和资源禀赋较少的公司(如代理商)与议价能力强、资源禀赋丰富的公司(如委托方)相比,前者潜在的机会主义行为而引致的关系风险较大。

(二)信任—声誉激励机制

契约的不完备性要求借助于一定程度的信任。信任是缓和正式管理控制与联盟绩效关系的良性机制。一旦确立了信任关系,企业共同努力的产出将超过仅建立在自身利益最大化行为上的产出。因此,通过充分的沟通与协作消除合作的障碍,建立必要的信任机制,是企业技术联盟规避关系风险的基本要求。对于一个成功的企业技术联盟来说,其各个成员企业间的相互协调、相互合作是建立在彼此信任的基础上的。相互的信任是互惠互利的需要,更是联盟协调发展的条件。联盟成员间的信任可以通过声誉激励的方法来防范关系风险。

对于契约的执行机制问题,主要遵循的是自动实施契约,也就是指契约当事人依靠日常习惯、合作诚意和信誉来执行契约。因此,在契约的实施过程中,声誉起了很大的作用。信息经济学把声誉看做是一种有效传递信息、提高信息对称性的信号,声誉强烈的排他性和不可仿制性也使它成了企业核心能力的重要组成部分。在联盟内部建立声誉激励,不仅可以提升企业在联盟外市场的竞争地位,而且还有利于创造能带来合作优势的独特的关系资本收益。这些收益主要体现在:(1)有效规避联盟的关系风险;(2)有效降低联盟的运作成本;(3)有助于推动企业间的持续互动,从而有效地控制关系风险,而关系风险的降低反过来又进一步强化了联盟成员企业的声誉,促进信任水平的提高,进而形成声誉—信任—关系资本收益—关系风险控制的正反馈循环。由于企业在合作R&D过程中面临着知识泄露而丧失竞争优势的风险,因此企业在合作中存在知识保护的倾向,人为地增加了知识传递的障碍,使合作难以达到充分的知识共享和有效的信息交流,而这一问题很难通过契约化来解决。虽然伙伴间的关系资本,尤其是相互信任比契约更能保证合作组织内部充分的知识交流和共享,从而提高合作的协同效果,创造出新的价值。但是,预期的效应还要受到这些规范实现的可能性的影响,如各主体的信用、以往的合作经验等都会影响参与主体的预期。而这些因素都是围绕着企业声誉展开的。可以说,信任是对合作伙伴的能力和可依赖性的信心,是相互交换新思想和新技术的基础;声誉则是对信任的激励和加强。声誉激励的直接目标就是在公众和企业之间建立起一种相互理解、相互信任的关系。提高企业声誉的最终目标就是提升企业的声誉竞争力和整体竞争力。

(三)信任—机会主义悖论

传统的理论如交易成本理论在联盟的关系风险控制机制设置方面偏向于监控和管理,而社会学(网络)、关系交换理论则偏向于强调信任的作用(Koza and Dant,2007)。委托代理人关系的传统视角认为信任和机会主义是无法共存的,是相互抵消的,如信任的正面的作用将会抵消机会主义的负面的作用,信任减少订立合同的谈判成本和监控的必要性。正如 Gulati(1995)所言:"信任抵消对机会主义的担心,结果是减少了相关交换的交易成本。"学者发现在交换相关的行为(信息共享、绩效控制、谈判、冲突解决)的过程中,信任与机会主义相互抵消(中和)的效果是存在的(Dyer and Chu,2003)。而 Lewicki 等(1998)认为在信任和机会主义共存的关系中,信任与机会主义的相互作用将会产生正的净效用(信任的正向的效用超过机会主义的负向效用)。为了更好地管理好这对矛盾,在伙伴合作和资源投入以及缓和机会主义带来的负面的风险方面得下一番工夫。

Augustine A. Lado 等(2008)研究委托代理人之间的关系风险,为信任和机会主义之间的相互作用提供一个新的视角。他们的研究结果显示:当作者把信任和机会主义分开来处理时,结果是支持关系交换和交易成本理论的。另一方面,当信任和机会主义两者共同作用时,信任和机会主义之间的矛盾便随之出现,即当信任和机会主义同时下降(提高)时,组织间的关系也将下降(提高)。A. Lado 等人的解释是,在低信任、低机会主义条件下,既没理由对委托人的善意表示信任,也没理由去警惕委托人的行为(Lewicki et al.,1998),因此也排除了通过复杂的机制来抑制机会主义。但是作者认为,中等程度的信任和机会主义水平将会带来较差的联盟表现,此时,委托人和代理人双方都因害怕被另一方利用而将减少联盟专用性资产的投资。在中等程度的水平中,信任是基于知识(理解)的信任(knowledge-based trust),这意味着信任双方对对方的理解是比较充分的,甚至对方的行为都是可预知的(Lewicki and Bunker,1996)。而相应的机会主义水平也为成员提供足够的空间来采取行为防止这种机会主义行为。也就是说,联盟双方互相知根知底以至于对对方的善意(如信任)产生怀疑,每个成员都变得小心谨慎。在这种情况下,关系的发展是受阻的。但是,高水准的信任和机会主义是与联盟高的绩效表现联系在一起的,此时的代理人对委托人的信任是很有弹性的,可以对委托人的机会主义行为很快地做出反应,此时成员之间的关系是基于认同型信任(identification-based trust)。相对于来自计算型信任(calculus-based trust)和来自理解型信任(knowledge-based trust),基于认同型信任是可以承受来自成员机会主义的背叛的。基于认同型信任的联盟是可持续的(Lewicki and Bunker，1996)。

分析结果显示，与低水平的信任和机会主义相对应的是中等程度的联盟关系水准，与高水平的信任和机会主义对应的是高水准的联盟关系，而与中等水平的信任和机会主义对应的是低水准的联盟关系。研究发现低水平的信任和机会主义可以培育有价值的联盟关系。这意味着在经济交易中，在联盟成员之间可感知的机会主义风险足够小的情况下，最低水平的信任可以导致草率的合作。因此，对于联盟成员来说，可用"信任，但要核查(trust-but-verify)"的方法来处理信任与机会主义的矛盾，同时补充以相互抵押品(Williamson，1985)等方法。所以企业在选择结盟之前，最好先确定信任和机会主义水平的高低，因为中等的信任与机会主义水平倾向于产生复杂的信号和滋生猜忌和疑惑的气氛，因此，将信任与机会主义水平定位在低或者高是较适合的。

第三节　本章小结

本章综合地回顾总结了关系风险的有关理论和现有的研究成果：首先比较和界定了跨国联盟、跨国联盟关系风险的概念，然后重点围绕各个理论学派对跨国联盟关系风险的研究、关系风险的微观与宏观方面的控制理论对相关文献进行了系统的梳理。

从 Das(1996)和 Nooteboom(1997)对关系风险的定义可以看出，机会主义是关系风险的主要的来源之一(Das,2001)。因此，传统的理论，如交易成本理论一般都是偏向于通过各种机制来减少伙伴间的机会主义行为，进而减少关系风险。但是，联盟自身就包括一个很有意思的困境：一方面是联盟应努力减少风险；另一方面是联盟本身又产生风险(Helene Delerue;2004,2005)。于是就产生了对跨国联盟关系风险控制理论的研究。例如 Augustine A. Lado 等(2008)通过对 409 家中间商和一个零售商的调查研究后，提出了信任—机会主义悖论(trust-opportunism paradox)。

通过对文献的梳理总结，特别是对国外研究企业跨国联盟关系风险的知名学者，包括 Das and Teng、Nooteboom 以及交易成本理论学派的 Williamson 等的研究成果的仔细研读，作者确立了本书研究的主要方向和思路。本章是后面几章的基础，本书后面关于关系风险生成和演化的研究以及实证分析等都是以本章为基础的。关系风险的演化虽然不是直接借用本章的影响因素，但也是以本章为基础进行提炼和整合的。

第二章

企业跨国联盟关系风险生成机制研究

第一节　企业跨国联盟的市场基础及关系风险的形成

一、企业跨国联盟的形成

国际市场上广泛存在的竞争,固定成本日益增长的需求(Ohmae,1989),高速的技术发展以及投入产出市场日趋复杂(Zuscovitch,1994),这些已经使得市场越来越像是一场比赛。为了获得赢取比赛的机会,厂商必须集中他们的核心竞争力(Prahalad and Hamel,1990)。为此,他们需要和其他的企业跨国联盟分摊固定费用(例如 R&D、生产、分配和销售)、分摊发展的风险、加强他们的核心竞争力、获得互补性的能力(Porter and Fuller,1986)以及增加市场进入的速度(Lei and Slocum,1991)。

市场经济是一个既竞争又合作的经济,企业必须充分认识到竞争的必要性和残酷性,利用自身的优势和资源,最大可能地实现核心竞争力的增加和效益的最大化。与此同时,市场经济越来越趋向于合作性经济,每一个企业都不可能脱离其他企业而独立地生存发展,况且单靠一个企业的力量已经无法满足当今世界发展的需要。由此可见,既合作又竞争乃是市场经济的客观要求。

(一)企业跨国联盟的特征

1.平等性

跨国联盟的双方享受平等的权利,这是跨国联盟运作的基础。在平等的合作关系上,联盟双方通过资源共享、优势互补、相互承诺、相互信任,才能最终达成最大化联盟收益的目标。也就是说联盟中股权的多少、控制能力的强弱以及资源的多寡并不能够决定联盟双方的不平等关系。若各方的地位悬殊、实力差距过大,就有可能导致联盟难以增强总体的实力,所以强弱联盟的失败率就会比其他的更高。

2.跨国性

跨国联盟的跨国性表现为两个方面:一是结成跨国联盟的企业来自不同的国家;二是跨国联盟的活动是企业间资源的跨国整合,这也是跨国联盟区别于国内战略联盟的根本标志。自从加入WTO以来,以及随着中国企业"走出去"战略的不断推进,中国企业的跨国战略联盟如雨后春笋般涌现。这一跨国属性既是中国经济顺应全球经济一体化的表现,也是中国企业在国际市场中寻求核心竞争力提升的集中体现。

3.战略性

战略联盟,顾名思义必须具备战略价值,它为企业创造的价值原则上是可持续的竞争优势。跨国联盟由于地理上的距离,战略性也就更为突出,也就是说,很多情况下跨国联盟是跨国公司全球战略实施的一部分。因此,从理论上讲,企业战略联盟是企业出于战略目的而采取的一种长期合作形式,它符合企业的长期战略规划,能够为企业战略目标的实现创造价值。实践已经证明,通过战略联盟,可以汇聚联盟各方的资源优势,避免重复的开发研究,减少沉没成本,增强竞争优势,从而实现联盟的乘数效应。因而,实施战略联盟是实施公司战略而不是经营战略的一部分,这也是战略联盟的新颖之处。

4.风险性

由于不确定性和机会主义倾向的存在,使得跨国联盟中的风险要素显得格外突出。文化差异以及语言的沟通进一步加深了市场的不确定性因素和信息的不对称,因此,跨国联盟相对于国内联盟来说必然存在着更大的风险。Anne Murphy和Gerard Kok的研究显示,战略联盟失败的原因主要有两个方面:一个是伙伴选择问题,这个问题占失败原因的30%;二是伙伴关系问题,这个问题是联盟失败的主要原因,占70%。联盟的伙伴关系问题主要反映在企业之间的文化不相容、信息传递的不准确或信息传递的失真、沟通的失效、盟员的忠诚度不够、联盟之间的承诺得不到兑现、企业之间的利润分配不合理等方面。这一联盟中的关系风险的问题就是本书研究的重点所在。

5.灵活性

跨国联盟本身是一个动态的、开放的系统,联盟成员的合作关系一般都仅仅局限于某些领域。在这些领域以外,联盟的各个伙伴都保持独立的经营行为,有时候甚至处于对手竞争状态。由于企业联盟间这种松散的协作关系,成员之间的关系可能并不正式,因此具备了高度的灵活性和发展性。联盟的灵活性决定了联盟的投资较小、时间较短、过程较为简单,但同时也不可否认决定了联盟更多的不确定性。

(二)企业跨国联盟的形式分类

从不同的角度看,跨国联盟的形态是多种多样的:(1)从产权角度看,可分为合资、股权参与和契约式合作三种,其中股权参与是指持有合作伙伴少量股份,目的在于维系和确保双方的合作关系。(2)从产业链的角度看,可以划分为横向联盟、纵向联盟、混合联盟三种。横向联盟是指在产业链中承担相同环节的企业,即互为竞争对手的企业间的联盟;纵向联盟是在产业链中上、中、下游企业间的联盟,是一种互补型的合作关系。(3)按企业建立联盟的目的可以分为营销联盟和产品技术联盟。

Das(2000)将跨国联盟分为合资企业、少数股权联盟、双边契约联盟和单边契约联盟四类。而大部分的学者则将跨国联盟分为股权式和非股权式。股权联盟包括合资企业跨国联盟与股权参与型联盟。若选合资,两个母公司通过配置各自资产,创建一个新企业;而要选股权参与联盟,则企业通过购买股权进入另一企业。非股权联盟即契约式联盟包括 R&D、营销协议、生产配额、发放许可证、授予特许经营权、技术合作伙伴关系、供应商协议。

根据本书的研究需要,所采取的跨国联盟的形式分类主要采取以下方法,根据联盟各方依赖程度,或参与程度由低到高分为三种:

第一类是合资,这类联盟是依赖程度最高的联盟形式,两个母公司通过配置各自资产,创建一个新企业。

第二类是股权式联盟(少数股权参与),主要涉及股权参与的合作形式,企业通过购买股权进入另一企业,从而实现双方的控制。

第三类是非股权联盟,即契约式联盟,这类联盟通常借助于正式契约但不涉及股权参与的合作方式。根据联盟各方在价值链位置上的不同,又可以进一步细分为横向联盟(如联合研究、联合生产、联合销售)和纵向联盟。

也就是说在这个分类中,把按照产权和价值链的分类结合在一起,这既符合一般学者的研究思路,也更加契合本书研究的需要。

二、跨国联盟的市场基础及关系风险

经济世界是一个相互关联的世界,同样在联盟中,任何一种风险的产生都是跟联盟的属性、基础相关联的。从一个三维的角度出发(见图 2-1),即从联盟的市场基础、联盟的属性和联盟的关系风险出发,来探讨这三者之间的关联性,由此,为研究联盟的关系风险找寻更多的支持和视角。企业加入联盟的市场基础,也就是其加入联盟的目的会在很大程度上左右企业对联盟属性的选择。当然这种相关性并不是绝对的,所能做的是探讨一个较大可能的结果。同时,不同的联盟所采取的控制机制、组织形式以及行为方式等会产生很大的差异,这也就决定了联盟所可能遭遇的关系风险的差别。反过来,企业的风险偏好,在一定程度上可以认为是对特定风险的防范,又会作用于联盟的属性决定。通过这一系列的机制演变,这三维要素就紧密地联系在一起,相互作用,相互影响。

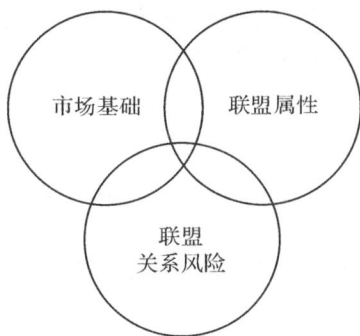

图 2-1　分析的三维结构

在前文中已经提到了跨国联盟的市场基础,概括一下,主要包含以下几个方面。

1. 增加进入市场的速度

市场进入是跨国联盟最为重要的一个动机,很多跨国公司都通过联盟的方式来减小进入一个全新市场的风险。当然有时候跨国公司本身可能更愿意采取独资的方式,但是东道国在市场主体方面的限制和保护政策会鼓励跨国联盟的方式。市场进入是一个伴随着多策略、多模式的行为,其中一个方面是"先动优势",虽然这种模式需要承担较大的市场不确定性风险,但是也能够通过先入为主的思维来确定领先优势。企业可以通过与当地有经验的企业跨国联盟,来加快市场进入的速度,尽可能地减小市场风险。通过联盟,企业可以在维持稳定的市场份额和市场机会的同时,积极开辟新的市场领域,迅速进入新的行业,快速寻找到新的市场机会。

2.加强核心竞争力

"强强联盟"是当今世界跨国联盟发展的又一趋势,越来越多同行业的领先者选择这种方式来巩固行业内的竞争地位,或者说一定意义上实现行业内的垄断。核心竞争力一般来源于以下几个方面:核心技术或产品、企业专利、信息化水平等专有技能以及企业的战略管理能力、集体学习能力、研发能力、运营能力等综合的专有知识。对于一般的联盟企业来说,往往不愿意把自己的核心技术展露在对方面前。因此,这种市场基础的联盟必须要求有很强的控制力。同时,在新技术飞速发展、市场环境快速变化的条件下,唯有随机应变、对市场变化能够做出快速反应并具有能快速整合各种资源和协调各方利益的能力的企业才能适应环境的变化,才能确保所需资源的准确到位,而这也正是越来越多"强强联盟"涌现的原因所在。

3.分摊固定费用

通过跨国联盟的建立,企业可以将原先一个企业承担的固定费用分摊到多个企业,同时通过规模效应来实现生产成本的降低。跟这一基础相关的跨国联盟往往存在于市场竞争程度较高的行业中,其可以通过集聚来实现规模效应,也就增强了跨国联盟各方的市场竞争力。虽然,当今市场竞争已经由原先单一的价格竞争转化为服务竞争、质量竞争、品牌竞争等多个方面,但是价格竞争依旧是最为重要的一个方面。企业如果能够在价格上领先,就有更多的精力和物力投入到其他能力的培养上,也就能够全面地提升整个企业的综合竞争力(见图2-2)。

4.分摊发展风险,创造协同效应

跨国联盟的较为活跃的领域往往是技术含量比较高的产业,例如 IT 产业、信息产业等。这些产业较为明显的特征是知识作为核心竞争力,伴随较高 R&D 的投入。为了减轻自我研发所可能遭遇的风险,这些领域的企业往往会把一些非核心的内容割离,通过联盟来减轻企业的发展风险。企业间可以获取本企业所需要的关键资源,相互传递相关技术,加快研究与开发的进程,实现协

浙商研究

同效应,共同应对风险的挑战,分担各种风险。这样,一方面可以充分利用合作企业的资源,实现资源的优化配置;另一方面可以避免重复劳动和资源的浪费。同时,企业也能够集中资源开发核心的技术。

5. 获得互补性能力

资源的互补整合是优化企业资源的较优途径,通过跨国联盟的建立,企业就可以在保持核心资源完整的情况下获得所需的互补性资源。跨国联盟伙伴之间会相互利用对方的资源和能力,在共享和学习的同时,实现联盟整体实力的提升。面对外部环境的超竞争、动态、不确定趋势日益明显和不断增强,市场需求个性化趋势越来越凸显,单个企业要满足市场不断增长的个性化需求,单靠自身有限的资源和能力已经远远不够。因此,客观上要求企业必须寻找合作伙伴,获取生产的资源和能力,在实现合作利益最大化的前提下,实现自身价值的最大化。

首先分析的是跨国联盟的市场基础会如何来影响跨国联盟的属性。跨国联盟的共同目标性越强,跨国联盟所采取的相互依赖程度也会相应提升。如图2-2所示,当跨国联盟的内容涉及核心竞争力的时候就会采取控制程度最高的合资。同样,为了增加进入市场速度,跨国联盟伙伴之间必须建立较为稳定的合作关系。少数股权参与是通过双方持股来达到一定程度的相互依赖,企业在分摊固定费用和获得互补性能力的考虑上往往会采取这种类型的跨国联盟模式。契约式联盟是依赖程度较低的模式,同样其稳定性也会相对较差,可以用于分摊发展风险以及获得互补性能力。

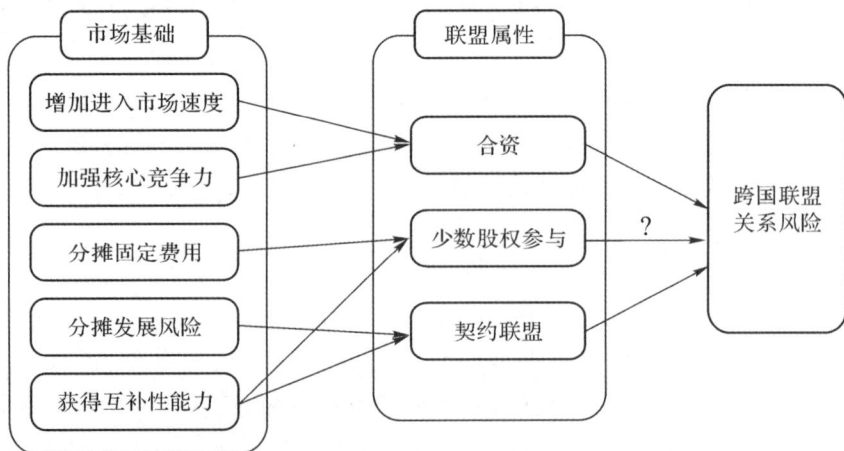

图 2-2　从跨国联盟的市场基础到关系风险

(一)机会主义行为——Das 的分析框架

机会主义是研究跨国联盟关系风险的一个重要方面,因此研究机会主义行为的构成因素也就是研究跨国联盟关系风险的内在构成。尽管机会主义行为倾向的表现形式有很多,但它们都有如下共同特征:(1)收益内化成本外化,即为了追求自身利益,损人(成本外化)利己(收益内化);(2)机会主义通常是一种只顾眼前利益的投机行为,会损害与交易伙伴的长期关系;(3)在形式上是与交易的契约要求不相符合的,无论这种契约是在形式上有明文规定的,还是一种非正式的、没有明文规定的契约关系。

Das(2008)在这个领域做出了探索性且突破性的研究:他对影响关系风险的机会主义行为加以细化分析,得出伙伴机会主义行为的决定因素包含经济类的、关系类的、时间性的三个类别(见图 2-3)。

1.经济类

有学者认为跨国联盟伙伴的机会主义行为主要是出于经济方面的考虑(Klein,1996),跨国联盟伙伴主要是出于获得经济利益的需要或者是为了转移经济成本。当这种需要很强烈时,联盟的伙伴可能会为了其自身经济利益的追求而伤害伙伴公司。潜在的经济收益越大,跨国联盟伙伴机会主义行为的倾向越大。因而,"任何机会主义行为都是出于一定利益的"(Williamson,1979)。这些因素的存在或者缺失会限制或者促进伙伴为追求其自身经济利益而冒险机会主义行为。

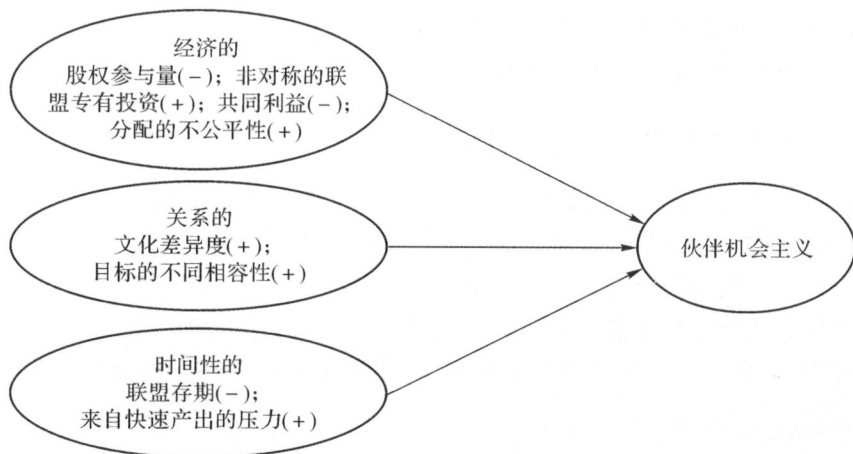

图 2-3 Das(2008)机会主义的框架

由此可见,伙伴间机会主义行为经济方面的决定因素包含股权参与量、联盟专用性投资、共同利益、分配的公平性等。

2.关系类

Ghoshal 和 Moran(1996)注意到合作伙伴之间给对方的印象将会影响到伙伴的机会主义态度,而机会主义态度将会导致机会主义行为。关系类的决定因素通过三种路径影响伙伴机会主义:(1)联盟公司之间的关系很弱,则伙伴公司不关心联盟中其他公司的感觉,所以机会主义伙伴对自己的行为无愧疚感;(2)当联盟中的某一公司在一定程度上感觉到来自伙伴公司的逼勒时,伙伴公司很可能会考虑给以反击,当伙伴之间的和谐的氛围被破坏之后,机会主义行为也就随之而来;(3)公司之间的关系不紧密会导致之间的误解,因此较易引起伙伴的机会主义。机会主义的关系类决定因素可分为文化差异和目标的不相容度。

3.时间性

第三个伙伴机会主义行为的决定因素是和时间维度相关的。联盟会因其计划的生存周期(存期)不同而不同。短的存期会引出不同的伙伴机会主义行为,与长的存期相比伙伴公司和伙伴公司之间相处的时间相对较长,机会主义的成本比短存期的大。强压力能激发伙伴公司有非常规的行为。例如,要求在很短的时间内出成果的压力可能会使得伙伴公司过分担心以致付诸于消极的方法(如机会主义的行为)来完成。伙伴机会主义中时间性因素的概念是最近一段时间由 Das(2006)提出的。作者再次小心地排除那些只包含时间因素和表面看起来是时间性的实际上其内在的属性是经济性的因素。时间性的决定因素可分为快速产出的压力和联盟存期。

(二)企业跨国联盟关系风险的另一个角度

Das(2008)将联盟的关系风险统一地归为机会主义行为的三个方面:经济类的、关系类的和时间性的,但是这一分类只是将关系风险做了一个划分,而划分本身并没有直接的研究意义。因此,本书希望能够遵从上文的三维框架,将对关系风险的分类与联盟的属性最大限度地结合起来,以利于分析研究。

首先,机会主义行为分为资源类的、组织类的、利益类的和其他四种类型。

1.资源类

资源类的机会主义行为包含非对称的联盟专有资源、资源异质、学习竞赛三个方面。

　　跨国联盟企业投入的资源差异来自两个方面：一是资源的属性差异；二是资源的数量差异。就数量而言，企业投入的资源数量越多，对于联盟的依赖就越强。对于属性来说，由于联盟企业所处的背景、优势、能力各不相同，因此各个企业对于联盟的贡献也会不尽相同。也就是说，不同企业投入联盟中的资源属性是存在差异的，这种差异化的资源决定了企业所希冀的联盟利益也会五花八门。一般来说，可以把资源分成物质资源、金融资源、人力资源、技术资源、管理资源和组织资源。也有一些学者把资源的分类归为资产资源、知识资源和组织资源三类。相对应地来说，这三种资源内部都具有同质性，其中资产资源具备较高的法律保护，知识资源较容易实现转移。根据资源的属性和特点，作者认为，一般来说投入资产资源的联盟伙伴更关注于投资回报；投入知识资源的联盟伙伴关注技术的保密性和人员的忠诚度；投入组织资源的联盟伙伴则更加关注联盟的一致性和持久性。

　　当企业投入资产资源时，它会担心自己的资源有可能被滥用而使对方获得不当收益，因此企业倾向于采取有效的控制手段。虽然前文已经提到资产资源受到的法律保护程度最高，在没有所有者同意的情况下不会被转移，但是仍然有可能存在被伙伴企业不当使用的风险，例如资源配置到企业潜在竞争对手的身上。因此，当企业投入大量的资产资源时，为了保证这些资源能够按照企业自己的利益和计划去使用，企业就必须做好控制工作。

　　当企业投入知识资源时，主要关注自己的技术和诀窍不被对方窃取，也就是说关注知识安全。在竞争日益激烈的今天，更多的企业视知识为一种能够为企业带来竞争优势的战略资源。知识投入型的企业加入联盟很多是为了通过知识的交换和共享来获得竞争优势，但它们同时也要求能够保持自身知识的完整性和唯一性。如果双方都以知识共享为主要目标，那么联盟将成为一场学习竞赛，在这种联盟中能够更快地学习到对方知识的合作者就拥有了较高的发言权。为了保护知识的安全性，企业应当尽量避免将自己的知识和诀窍暴露在对方面前，例如这种类型的企业不应当选择合资模式，可以选择双边契约联盟等。

　　当企业投入组织资源时，主要关注联盟的可控性和持久性。一般投入组织资源的企业往往具备较为宽裕的资源基础，它希望联盟有较强的独立性，能够单独利用环境变化带来的机会，应付可能的威胁。为了加强对这种联盟的控制，这种企业往往会有股权参与。

　　2. 组织类

　　组织类的机会主义包含股权参与量、文化差异度、目标不相容、领域一致、过程不公平、行为模式差异。

组织类的关系风险是和组织构成内容,例如组织内的股权水平、文化差异、所处的领域等,相关的。与组织内容相关的关系风险往往涉及股权参与,特别是对于合资企业来说,尤其需要关注这一类别的关系风险。

虽然跨国联盟运作本身具备一致的战略目标,但是不同的跨国联盟企业各自加入联盟的战略意图和目标存在着显著的差异,而且很多时候,这种差异化的战略意图是隐性、潜在的,也就是说,伙伴企业异质的战略目标不一定能够被及时察觉,这也就为联盟的关系风险埋下了隐患。从加入联盟的目标来看,有的企业是为了获取别人先进的技术;有的是为了避免单独研发的风险(风险分摊);有的是为了实现相互保护、互通信息;有的是为了通过规模经济和范围经济降低成本;也有的是为了获得上下游的支持。战略意图一般是指联盟伙伴在联盟组建过程中出于自身利益而优先考虑并欲实现的战略目标。例如,有些联盟伙伴倾向于保护好自己的特定资源不被泄露或是拷贝;有些联盟伙伴倾向于获得联盟控制权;也有一些联盟伙伴倾向于资源获取。这些林林总总的战略意图和目标往往无法一致,且随着联盟的进行,这种矛盾会日益加深。因此,理解竞争对手、联盟伙伴和自身的战略意图对于企业的成功是非常重要的。

过程公平也是影响跨国联盟关系风险的一个重要方面。在一般意义上过程公平是指个人所能感知的决定管理过程中的公平性,作者把它拓展到跨国联盟层面,就可以认为是跨国联盟企业对于跨国联盟运营过程的公平性的感知。其中,跨国联盟中所谓的"公平"可以理解为联盟战略决定的过程和标准是无偏的、有代表性的、透明的、可纠错性以及有道德的,同时与联盟的合同规定是一致的。按照公平理论,公平能够强化诸如过程控制和发言权在内的结构化要素,同时也能够促进人员之间的交流和工作关系在内的交流元素。公平不仅能够影响低层面的态度(例如自尊、社会认可、员工的团队精神),同时也能够影响长期的高层面的态度(例如责任、信任、组织的和谐),而后者对于组织的关系风险有较大的影响。

跨国联盟成员的加入联盟动机的不同导致了成员间行为的差异。一些防御性较强的企业为了防止联盟伙伴窃取自身的核心技术,过分封闭自己,合作的积极性不高。因此,联盟企业之间的这种相互防范的行为策略会使得关系风险增高。一旦联盟缺乏有效的监督控制机制,机会主义行为就会探头,从而导致盟友之间产生冲突,给联盟的合作关系带来威胁。

特别是对于不同文化背景的企业来说,行为模式的差异就显得更为突出。当联盟的形式为合资的时候,由于行为模式的差异而产生的关系风险较为明显。因为合资的模式需要更高的组织融合度,这就包括文化融合、行为模式的融合。

3.利益类

利益类的机会主义包含共同利益、分配不公平、额外利益。

利益类的关系风险是和联盟或是伙伴利益相关的。就联盟本身而言,其目标是联盟整体的利益最大化或是竞争力的最大提升。但是,对于不同的联盟企业来说,各个伙伴企业之间的利益目标有可能存在着很大的差异,这种差异必然会影响到联盟的协同效应。联盟的合作关系是用利益去驱动和维持的,它是企业在充分考虑自身利益的基础上形成的。如果合作伙伴无法在该联盟中实现原先所期望的利益或是当面对更强的利益诱惑时,合作的积极性就会受到打击,一旦其他的机会成熟,原有的联盟就会破裂。

跨国联盟伙伴在评估联盟关系时关注的另一个重点是公平,也就是说联盟一方获得与联盟的总收益相称的收益。这里的公平包含两层含义:结果公平和过程公平。一般而言,本书所提到的公平大多是指结果公平,即联盟企业获得和联盟总收益一致的收益。而不公平的情况则包括:有的企业由于缺乏对联盟的控制权和管理权,无法从联盟收益中获得应有的回报,因此对联盟关系失去信心;有的企业则受到短期利益的诱惑,可能会不惜损害共同利益而实现自己的利益,从而破坏联盟的合作关系,也就产生了联盟的关系风险。跨国联盟的成功依赖于联盟各方的支持与合作,只有这样才能实现联盟的共同目标。否则,受到不公正待遇的企业很可能会退出。同样,如果联盟伙伴已经感知到了不公平待遇的可能性,那么它们合作的信心就会被破坏,这也就意味着它们所感知的关系风险的水平较高。

额外利益是指在跨国联盟运营过程中,联盟的一方可以通过机会主义行为获得额外的利益,而这种利益是超于联盟所存在或是必须以联盟的利益为代价的。但是这种额外利益对于该方来说可以增加其总收益,因此,本书将其视为"损人利己"的行为。一般来说,额外利益对于联盟伙伴来说大部分都是短期利益,或是眼前利益。

4.其他

其他的机会主义包含联盟存期、来自快速产出的压力和关系水平。

之所以将这一类归为其他,是因为这一类别的关系风险是各个类型的跨国联盟都必须面对的问题,这其中包含有 Das(2008)中所指的时间性的关系风险。

浙商研究

跨国联盟存期的时间跨度可以是短期的、长期的和无期限的。短的联盟存期可能滋生机会主义,而长的联盟存期可以制止这种欺骗行为。联盟存期通过多重方式影响伙伴机会主义行为(Das,2004,2006)。(1)联盟存期影响"未来阴影"的长度。长的"未来阴影"会使伙伴谨慎地考虑机会主义行为,因为伙伴对未来可能遇到的反响是无法进行估量的(Axelrod,1984;Heide and Miner,1992)。(2)在联盟运作的过程中,并非所有的联盟收益都是可以公平分配的。当联盟的情境很长时,双方有足够的时间来抹平暂时性的不公平。因此,一个长的跨国联盟存期使伙伴相信明显的不公平在长期中是不存在的。在这种环境下,伙伴就不会因暂时性的分配不公平而求诸公平的行动。(3)在长的联盟存期中,成员双方倾向于相互间保持良好的关系。Ring 和 Van de Ven 的说法是"在组织间关系的发展过程中,社会心理将会独立地产生一种压力来维持这种关系"(1994)。在长的联盟存期中,为了克制机会主义行为,双方对联盟的贡献度会随着时间的推移而不断增加。

受到要求快速产出的压力可能会使得伙伴求诸于消极的方法来从联盟中获利。机会主义行为最明显的好处之一就在于其行动周期短、获益效果显著,虽然这是建立在对长期收益透支的基础上的。Brown 等(2000)认为"公司的机会主义行为使其获得短期的、单向的收益"。结果是,"这种行为可能侵蚀未来长期内原本属于联盟双方的收益"。因为急功近利的结果会使得未来的收益大打折扣,机会主义行为的机会成本对这种公司来说是微不足道的,因此伙伴潜在的机会主义的概率相当高。

关系水平指两公司之间直接关系的程度会影响两公司在跨国联盟中相互的信任。较好的关系嵌入会减少机会主义行为的倾向,强化联盟双方的合作关系。较好的关系会减少因缺乏和谐(协调)而导致的伙伴潜在机会主义。

John(1984)研究发现伙伴机会主义行为也是有关系的。焦点公司将会预知其伙伴可能会有机会主义行为。这种机会主义的产生来自于相互理解的缺乏。

完成了上述的分类,就要解决上图 2-2 的问号,即如何将跨国联盟属性与关系风险联系起来。

首先,契约式联盟主要关注资源类的关系风险,这是因为这一类别的跨国联盟主要是为了获得资源共享带来的收益。这其中的资源共享包括知识共享、技术共享等能力共享,因此联盟往往采取契约的形式来组成战略知识联盟或是战略技术联盟。联盟伙伴间非对称的资源共享付出、资源属性的差异以及学习竞赛都会导致机会主义行为的上升,加大联盟的关系风险。

其次,合资的联盟方式主要关注利益类以及组织类的关系风险。顾名思义,组织类的机会主义行为因素主要是跟组织相关的,而在所有这几类的联盟中,只有合资是建立了新的组织关系。这就决定了合资必然会较多地关注与组织建设相关的因素。例如,股权参与量较多会减少机会主义行为,文化差异度大、目标不相容以及行为模式的差异都会加大机会主义行为的倾向。领域一致则会减少机会主义行为。同时,由于合资企业的双方对利益有不同的期望,利益分配问题也显得格外突出。

再次,少数股权参与的联盟模式一般关注利益相关的问题,当联盟伙伴之间具有共同的利益,就能够较大地保障联盟共同目标的实现,也就减小了关系风险。联盟运营中的利益构成包含两个方面:一是联盟一般会计年度的利益分配;二是联盟运营过程中的各种利益组成。前者可能会导致结果不公平,后者可能会导致过程不公平,按照公平理论,两种类型的不公平都会刺激机会主义行为的产生,加大联盟伙伴的关系风险。结构嵌入考虑的是在联盟网络中的企业所处的结构,一旦企业的机会主义行为被发现,就会受到整个网络的经济上的惩罚,因此结构嵌入会减少机会主义行为的产生。

最后,其他类别中的各项因子是上述三类联盟都可能遇到的问题。联盟的存期越长,也就是说联盟合作的时间越长,伙伴之间相互信任的程度就越高,那么机会主义行为就越少。同样,如果联盟伙伴之间在结盟之前就存在良好的关系嵌入,那么联盟的稳定性也就越高。相反,如果伙伴采取了勒逼的行为,就会打击到联盟企业的信心,加大机会主义行为。同样,当联盟遇到较大的产出压力时,有的联盟伙伴会在眼前利益的诱惑下采取某些有利于自身的机会主义行为,导致联盟关系的破裂。

当然,值得注意的是,这种类别的分类并不是绝对的。例如,少数股权参与者会关注资源类中的"非对称的联盟专有资源"。在这种非对称的贡献中,一个公司就会变得或多或少地依赖于另外一家公司的行为。由于在联盟中某家公司过分地依赖于另外一家公司,则依赖度相对较低的这家公司机会主义行为的概率就高。特别是当联盟双方对联盟专用性投资不成比例或者是只由单方面投资的,则联盟专用性资产投资带来的潜在机会主义的影响将会变得更加强烈。这种问题在同等股权合资的联盟中要显得比少数股权来的弱。同样,契约式联盟也会非常关注利益类中的"分配不公平",这是由于契约式联盟的收入分配缺乏一种客观的、明了的参考根据(因为无股权参与,因而缺少一个可以作为分配剩余价值的基准),对分配不公平的抱怨是存在的。作为对这种抱怨的反应,联盟成员可能求诸于机会主义行为以求得名义上的公平。

　　总的来说,联盟伙伴间的关系风险是与联盟在开始、运营过程中的各个环节相关的,在前文中本书给出了一个大体的框架,大致地区分了上述三种不同类型的联盟之间可能面临的机会主义行为的差异。通过这一系列的分析,前文已经得出了联盟属性、市场基础、关系风险三维框架之间的联系和内涵(见图2-4)。在后文中,本书会继续推进,深入地剖析各种不同类型的联盟的关系风险。

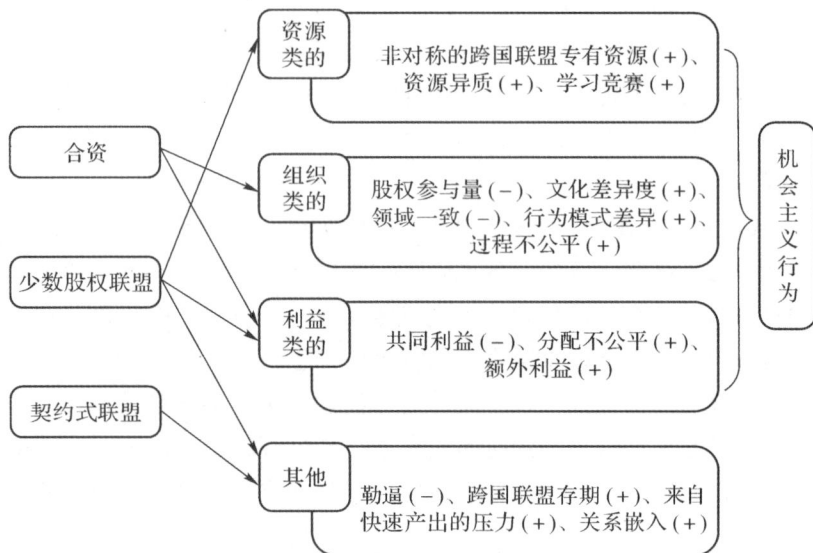

图 2-4　联盟属性、市场基础及关系风险的联系与内涵

第二节　不同阶段企业跨国联盟关系风险的生成机制

　　Anne 和 Gerard(2000)的研究显示,跨国联盟失败的原因主要有两个方面:一个是伙伴选择问题,这个问题占失败原因的 30%;另一个是伙伴关系问题,这个问题占失败原因的 70%。事实上,从关系风险的角度出发,在选择联盟伙伴的那一刻就为今后可能的关系风险埋下了伏笔。因此,本书把联盟发展的过程分为伙伴选择、联盟建立、联盟运营、绩效评估四个阶段,并对各个阶段联盟关系风险的生成机制加以深入的分析,借以获得更好的理论框架。

　　每一个阶段有不同的关注点,对此本书先用一个简易的框架来表示(见图2-5)。

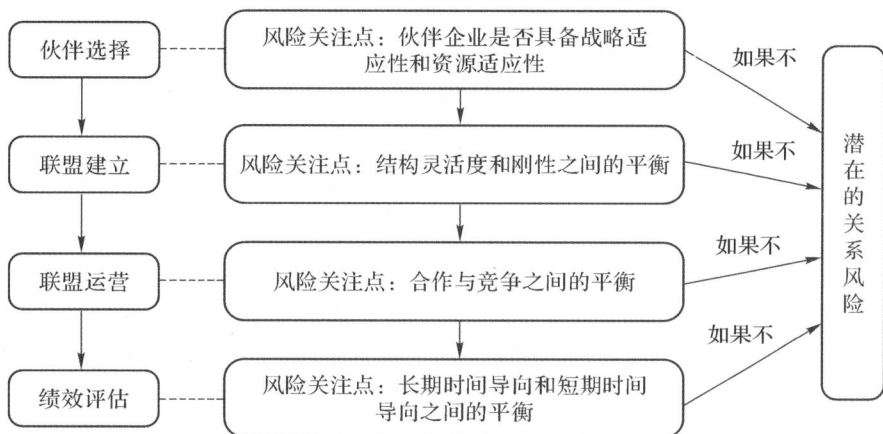

图 2-5　本每一阶段的关注点(Das(1999))

一、伙伴选择及关系风险

Anne(2000)认为,伙伴选择问题主要表现在联盟伙伴对自己公司的一些相关信息的隐藏或是提供错误信息以期能够得到私利,这就是一种潜在的机会主义行为。同时,伙伴选择问题还反映在企业。Bleeke 和 Ernst(1995)认为一些特定类型的联盟最终会走向失败,这些联盟包括竞争者之间的联盟、强弱联盟、弱弱联盟。他们认为强者之间的联盟更容易获得成功,但其他的人认为企业间较高程度的信任和资源的互补性是成功的必备条件。

因此,伙伴选择的首要行为就是确定联盟的目标企业。任何一种联盟思想的产生总有其动机,这种动机就决定了联盟的伙伴类型。其次,伙伴企业需要具备资源适应和战略适应。资源适应是指伙伴企业拥有的兼容性资源的程度,也就是说可以有效地整合入价值创造战略中。战略适应是指伙伴企业在联盟中是否具备一致的目标程度。这两种类型的适应都需要在联盟中同时实现。因此,将其转化为一个伙伴选择过程中的步骤就是要做好战略判断和价值判断。

如何在潜在的伙伴群体中选择适合自身战略目标发展的联盟伙伴就是本书这一阶段的研究思路。本书通过对每一个考虑的剖析来分解在这一阶段可能隐含的联盟关系风险,也就是说联盟关系风险的生成机制。从关系风险的定义来看,只有当联盟伙伴建立了跨国联盟,才会真正地出现关系风险。也就是说,之所以考虑"伙伴选择"阶段主要是为了分析联盟所有可能遭遇的潜在关系风险。从图 2-6 的第一部分可以看到,伙伴选择主要包含以下几个方面的考虑:

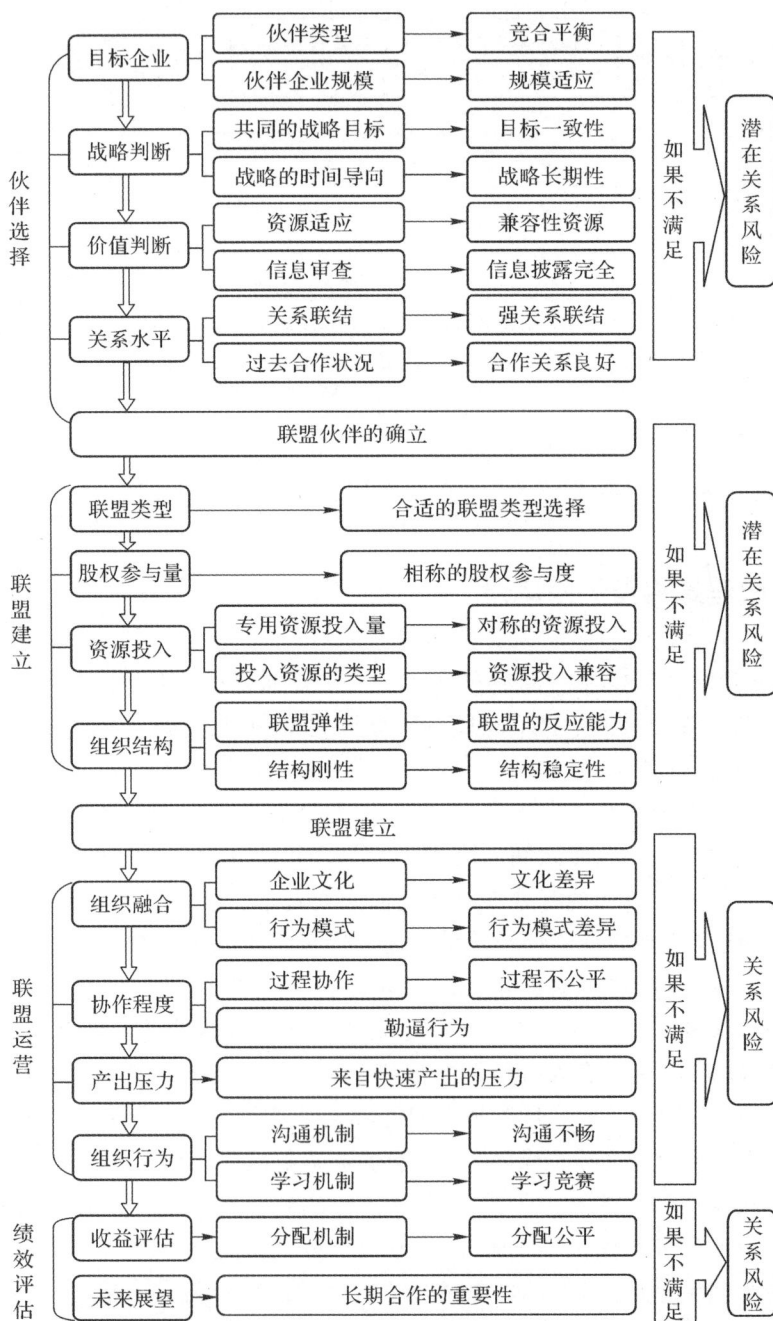

图 2-6　跨国联盟各阶段关系风险生成分析

首先,要根据企业的战略目标和规划确定未来可能联盟的目标企业。一个企业可能会有很多个潜在的合作伙伴,但是从特定的战略目标来看,这一伙伴群体的数量就会大大缩小。其次,在这一群体中,目标伙伴的选择仍然会涉及例如目标企业规模大小、现在所处的竞争地位等方面的抉择。对于前者来说,除非是存在特殊的关系联结,一般来说,如果联盟伙伴之间的实力相差太大、市场地位过于悬殊的话,联盟的关系就会较为脆弱。因为,联盟伙伴的规模直接决定了联盟运营过程中的资源投入、控制权以及公平性问题,这也就是为什么强弱联盟大部分最终会走向失败的原因。后者所考虑的是联盟伙伴之间的竞争关系,即联盟可以产生于竞争者之间,也可以产生于合作者之间。特别是对于存在竞争关系的联盟来说,就更加需要注意到联盟的竞合平衡,也就是说如何在竞争的大前提下保证联盟合作,共同来获得合作收益,以提高自己的核心竞争力。

二、跨国联盟建立及关系风险

一旦跨国联盟确立了联盟伙伴,事实上,跨国联盟的形式也就差不多确定了。因为不同的联盟目标决定了不同的伙伴,继而也就决定了联盟所会采取的类型。价值链上的纵向联盟,也就是例如供应商、营销联盟会更多地采用契约式联盟的模式,而生产合作型的联盟则更倾向于股权式。对于企业来说,选择正确合适的联盟方式是联盟能否成功的重要因素。

企业在确立了联盟类型以后,就自然而然地要面对股权参与问题。合资和少数股权参与的联盟都涉及了这个问题。从一般意义上讲,股权的参与数量直接决定了联盟的控制力、发言权和利益分配。股权问题在很多情况下是个自然的谈判问题,但是有些时候也有可能因为控制权的问题演化成敏感的控制力问题,例如娃哈哈和达能的失败合作。如果仅从联盟出发,而不考虑任何政治问题,一个企业的股权参与量应当与其所能够投入的资源(包括知识资源和物质资源)相适应。资源的投入包含两个方面的考虑:其一是对称;其二是一致。非对称的联盟专有资源以及投入资源属性的差异会增加联盟关系风险的可能性。资源投入上的差异提供给了较少的一方更多机会主义行为的空间,方便了搭便车行为并纵容了伙伴企业的偷懒行为。

在这一阶段,还有一个很重要的方面需要考虑——组织构架,联盟的产生会衍生出一系列新的问题:例如新的合资企业的建立、联盟双方的合作模式、联盟组织的建立。这一系列问题都是和组织构架息息相关的。对于组织构架,最重要的两个方面即是实现联盟弹性和结构刚性之间的平衡,而这两个方面很多时候又是相互抵消的。从一个联盟的长远发展来看,要使联盟自身能够很快地对外界变化做出反应,获得竞争优势,就必须要求联盟组织具备一定的弹性。也就是说,联盟组织的构架不应当存在过多的组织层次而导致时间滞后和反应滞后,组织内部相关的系统能够具备独立的反应和决策能力。但是,这种过于松散的组织形式容易导致联盟管理的多变,也就有可能滋生出很多机会主义的行为。因此,联盟的组织还必须具备一定的刚性来实现结构和组织的稳定性。这就需要联盟组织能够建立有效的监督、管理和预防机制。

从图 2-6 的第二部分中可以清楚地看到,这一阶段也没有产生真正意义上的关系风险。同伙伴选择一样,联盟建立阶段的某些因素只是会导致潜在的关系风险,也就是说这一阶段一般不会产生联盟关系的破裂。但是,联盟运营过程中的很多现实风险,很大一部分是因为前期的疏忽、信息不完全、机会主义倾向所导致的。因此,在这一阶段着重需要注意的是如何通过对每一阶段的深入分析尽可能地排除关系风险的隐患,也就减少了将来可能的关系风险及其对企业造成的损失。

三、跨国联盟运营及关系风险

联盟运营阶段的关系风险包含有文化不相容、信息传递不准确或是信息传递失真、沟通失效、联盟伙伴忠诚度不够、联盟之间的承诺得不到兑现等方面。这一阶段是联盟关系风险表现得最为突出的一个部分,但是事实上真正和运营有关的关系风险并不是这一部分的全部。为了更加有利于从阶段性的角度来分析关系风险,本书还是将只要是在这个阶段表现出来的关系风险归在内。例如,企业文化的差异是从选择伙伴开始就潜在的一个问题,也是一个伙伴选择而产生的问题。但是这个问题在伙伴选择阶段并不会引起企业的注意,特别是对于跨国的联盟来说,文化上的差异很有可能导致最后的失败。例如:20 世纪90 年代,北方电讯和摩托罗拉曾经建立了一家合资公司,在全球销售无线通信的基础设施设备,但是这一合资企业最终却以失败结束。原因主要在于一来合资企业低估了在多元文化地区运作联合企业的挑战性;二来两个企业的行为方式存在着差异。当这种文化以及行为模式上的差异无法有效地融合时,就有可能在联盟运营阶段爆发,可能的行为有员工怠工、沟通问题、消极行为等。因此,对于有关文化差异和行为模式差异方面的问题,不仅需要在联盟运营阶段加以重视,更好地促进企业融合,而且在伙伴选择阶段也要给以足够的重视。

同时,联盟运营阶段还包括协作程度、产出压力和组织行为等三个方面的关系风险压力。协作问题与上文的文化融合问题不同,它不涉及由于文化等方面的差异而引起的关系风险,而是由于伙伴企业有意图的不合作行为导致的,它包括过程协作和勒逼行为。过程协作,也就是过程公平,意味着在联盟的运营过程中,合作的双方能够保证过程和标准是无偏的、有代表性的、透明的、可纠错性以及有道德的,同时与联盟的合同规定是一致的。勒逼行为也是不协作的体现,往往是伙伴企业通过自身的某一独有优势,对联盟的其他企业施加压力,从而来获得额外的利益。过程协作和勒逼行为的产生都是因为两者能够带来额外的收益,但是作者需要认识到这种收益往往是短时的。因为这两种行为本身会增强联盟的不稳定性,加大联盟伙伴的机会主义行为,加大关系风险。因此,从联盟发展的长远来看,不协作行为会降低总的收益。

企业的产出压力是指当联盟伙伴面对较大的产出压力时,有可能为了获得短期的回报或是避免由于未能完成规定产出而导致的惩罚等而采取的机会主义行为,其最明显的好处之一就在于行动周期短、获益效果显著。联盟伙伴的这种急功近利的行为最后会表现在产品质量的下降、偷工减料、检查不严等。虽然在短期内这种行为能够及时地完成订单,并获得一定的收益,但是从长期来看,这种机会主义的行为会损害到联盟整体的形象和利益,也就危害到了企业自身的利益。

组织行为跟第二阶段的组织构架有关,它包含沟通机制和学习机制。沟通问题一般来自于两个方面:一是文化差异(例如语言)导致的沟通障碍;二是由于组织构架产生的沟通问题,例如机构冗杂等。本书在这里主要考虑的是由后一种原因引起的沟通问题。学习机制是指联盟企业之间由于相互的学习竞争而导致的可能的关系风险。在联盟中较早地学会对方企业技术和知识的企业就拥有了较多的主动权,那么其机会主义的倾向也就更大,因为联盟对于它的价值在学习中不断减小。

四、绩效评估及关系风险

绩效评估是指对于每一特定的时间周期,联盟企业会对过去这一周期的联盟整体做一个绩效评估。对于关系风险来说,绩效评估阶段的关注点主要在于收益评估和未来展望。大部分的联盟会以收益作为最重要的评估点,它们会关注自己是否获得与联盟总收益相适应的收益回报,如果这种收益回报是不公平的,那么它们就会对联盟的运营产生消极的心态,并助长了机会主义行为。也就是说,有可能在下一周期中,如果联盟伙伴遇到了可以获得额外收益的机会时,就会采取机会主义行为,例如勒逼、产出的急功近利等。

除了收益以外,企业在对联盟进行评估时还会关注这一联盟在未来是否会给企业带来更多的收益,或者说,联盟未来的发展对企业的影响程度。如果联盟的未来对于企业非常重要,那么联盟企业更多地会以长远的目光来对待联盟中的各种事件,尽可能地避免机会主义行为以获得长期的收益。因为这时候企业会深刻地认识到,很有可能机会主义行为会因小失大,对企业的整体战略产生影响和危害。

联盟企业对于未来发展的关注以及对现有关系的回顾总结是绩效评估阶段最为重要的两个方面。从动态联盟的角度来看,绩效评估有利于企业在良好合作的基础上增加双方的信任程度,从而降低未来合作中的关系风险。联盟是一个动态的过程,它会发展亦会消亡。

第三节　不同类型企业跨国联盟关系风险的生成机制

一、股权参与程度分类

根据联盟的股权参与程度可以把联盟分为三种类型,即合资跨国联盟、少数股权参与式跨国联盟和契约式跨国联盟,这也是目前学者采用得较多的方式。根据 Das(2008)对跨国联盟关系风险因素的分类,已知的机会主义行为可以分为关系类、经济类和时间性三种,但是这种分类模式并不能够区分对于不同类型的跨国联盟所可能遇到的不同的机会主义行为倾向。因此,这里本书将在学者们研究的基础上具体地细分研究这三种类型的跨国联盟所可能遇到的不同的联盟关系风险。

在前文的分析框架中将机会主义行为分为四大类:资源类,包含非对称的联盟专有资源、资源异质、学习竞赛;组织类,包含股权参与量、文化差异度、目标不相容、领域一致、行为模式差异;利益类,包含共同利益、分配不公平、额外利益;以及其他,包含勒逼、联盟存期、来自快速产出的压力和关系水平。由于不同类型的联盟所选择的联盟伙伴,采取的组织构架都大为不同,因此这 17 个方面的影响关系风险的因素也会在各个类型下有显著差异。

如表 2-1 所示,不同类型的企业跨国联盟所可能面对的关系风险是有差别的,这就可以帮助这些企业在各自的跨国联盟中对特定风险具备一定的防范意识。

表 2-1　按股权参与度分类的跨国联盟关系风险差异

机会主义 / 联盟类型	资源类			组织类的						利益类的			其　他				
	非对称资源	资源异质	学习竞赛	股权参与量	文化差异度	目标不相容	领域一致	过程不公平	行为模式差异	共同利益	分配不公平	额外利益	勒逼	联盟存期	产出压力	关系水平	未来重要性
合资	■			■	■	■	■	■	■		■			■		■	■
少数股权	■									■	■	■				■	
契约式	■	■	■								■					■	

注:灰色格表示有对应。

第一,组织类的关系风险在合资形式的跨国联盟中体现得最为突出,这是因为其他两种形式的联盟一般都不涉及组织的重新构架,也就是说联盟成员各自独立地经营着自己的组织。而合资则意味着一个全新的公司的产生,那么联盟成员之间就会在组织的形式、文化、行为模式、制度标准等各个领域产生冲突,从而产生组织类的关系风险。在组织类的关系风险中,股权参与量往往是各方最为关注的,因为股权一般来说是权利的象征。

第二,契约式的跨国联盟是一种以资源为纽带来实现某个项目的共同开发、分担研发风险、达成供应链联盟或是分享销售渠道。因此,契约式联盟往往是资源互补型或是资源共享型,那么,资源对于联盟的关系风险来说就显得很重要。联盟中资源的投入,即非对称资源决定了联盟中各方的依赖程度,资源异质和学习竞赛会影响联盟各方可以从联盟中获得的知识和技术的学习。

第三,少数股权联盟通过相互持股来实现制约,但是由于持股的数量相对较少,这种方式不会影响到联盟伙伴各自的组织模式。少数股权的制约主要是希望通过股权实现联盟双方在经济利益上的公平分配,来实现联盟利益的最大化。因此,少数股权联盟中的关系风险会比较强调联盟各方的共同利益和分配公平。

第四,分配公平和关系水平在三种形式跨国联盟关系风险中都有体现。究其原因,利益的公平分配始终是联盟各方的关注焦点。一方面,经济利益是一种外在的表现,是各方收益最为直接的表示;另一方面,这也是最容易衡量的一种方式。关系水平则是在跨国联盟整个过程中影响关系风险的一个因素,它能够对联盟各方的信任产生直接的影响,消除联盟中的不稳定因素。

二、跨国联盟合作内容分类

从跨国联盟的合作内容来看,可以分为研发阶段、生产阶段、销售阶段和全面联盟阶段四个类型。由于跨国联盟所涉及的领域不同,联盟的关系风险也不尽相同,则见表 2-2。

表 2-2　联盟合作内容分类的关系风险分析

合作内容	具体分类	资源类	组织类	利益类	其他	附注
研发阶段	许可证协议	*				许可证即是一种通过有偿模式获取资源的方式
	交换许可证合同	*				
	技术交换	*				交换互补性技术
	技术人员交流计划		*			人才流动是隐性知识交流的唯一途径
	共同研究开发	*				共担研发风险,共享研发成果
	以获得技术为目的的投资	*				具有很强的目的性,一旦目的无法达成,则关系破裂
生产制造阶段	OEM 供给			*	*	一方面,生产联盟可以降低生产成本;另一方面,联盟企业会遇到来自快速产出的压力及额外利益的诱惑
	辅助制造合同			*	*	
	零部件标准协定					
	产品的组装及检验协定				*	
销售阶段	销售代理协定	*		*		销售渠道是销售联盟中最为重要的资源
全面联盟	产品规格的调整	*				面联盟可能涉及产品从设计到销售的各个环节
	联合分担风险	*	*	*	*	

很显然,在研发阶段,企业主要想通过跨国联盟来实现技术共享、技术创新和风险分担,由此决定了研发阶段的关系风险以资源类为主。企业希望通过联盟获得例如互补性技术、高级人才、专利技术、能力模仿等。知识的不对称和学习能力的不对称在很大程度上导致合作企业关系的不对称和利益分配的不对称,这种不对称反过来又会影响到企业参与合作研发知识共享的积极性。

生产制造联盟是制造型产业内部广为流行的一种联盟方式,各个厂商通过联盟达成共识,核心企业借助自己的品牌优势和销售渠道打开市场,伙伴企业则通过 OEM、辅助制造的方式来创造产能。因此,对于各方来说都能够获得利益上的收益,因而冲突也往往存在于利益分配不均衡等方面。由于这种联盟一般都采取契约的方式,对联盟各方的约束能力不强,因此当伙伴企业遇到额外收益时,会做出机会主义行为。同时,生产制造联盟还可能遇到在快速产出压力下的机会主义行为,伙伴企业可能以次充好。

当联盟的一方有新的产品要进入市场,或者是进入新的市场时,往往会采取销售联盟的方式,这种方式可以加快企业进入市场的速度。例如,奥康和GEOX通过销售联盟,让GEOX借助奥康在中国市场的销售网络打开了中国市场,而奥康则借助GEOX的国外网络进入了外国市场而实现了双赢。由此可见,联盟关系风险的关键在于市场渠道这一资源。一旦联盟的某一方难以通过联盟的方式来实现市场网络的开拓,那么联盟也就失败了。

全面联盟是综合以上三个部分,它可能涉及研发、生产、销售中的两个或两个以上部门,是一种较为深入的跨国联盟方式。

三、动态联盟的关系风险

前文通过把一个联盟运营周期分为伙伴选择、联盟建立、联盟运营、绩效评估四个阶段来具体地分析了联盟所可能遇到的关系风险,或者说是潜在的关系风险。但是,联盟的运营事实上在很大程度上是一个动态的过程,因此需要把着眼点放得更宽,也就是说不仅仅是局限于一个周期内的关系风险,而是从动态联盟的视角来分析关系风险的生成和演化机制。

信任是影响联盟关系风险的一个重要因素,它最大的特点就是可以在发展中得到加强;同时,信任又是十分脆弱的,它是联盟伙伴之间非正式的联结纽带。基于信任的这两个特点,可以给出动态联盟关系风险发展的两大特点(见图2-7)。

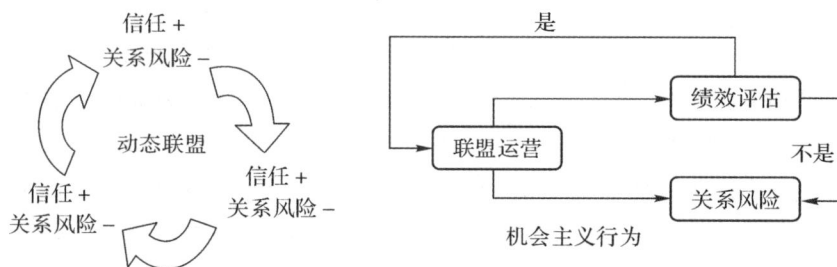

图 2-7　动态联盟关系风险的特点

1.循环降低

动态联盟的关系风险会随着联盟的发展而降低,也就是说联盟关系在不断的运营和合作中得到加强,通过信任机制可以建立起联盟伙伴之间较为牢固的合作关系。信任会随着合作时间、合作规模的放大而放大,也就意味着联盟的关系风险会随着这一过程的循环往复而大大降低。对于联盟企业来说,长期时间导向的联盟较容易通过这种方式来实现对关系风险的控制,它可以表现在联盟双方的亲密程度上升、合作的默契度增加以及联盟的相互抵押降低等。由此,联盟伙伴之间就形成了一种往复循环的伙伴关系,这种关系是较为牢固的。

2. 一票否决

信任的脆弱性直接决定了联盟关系的脆弱性,联盟的高失败率就说明了这一点。虽然很多时候联盟双方长久以来建立了较好的合作关系,但是联盟中一旦发现了机会主义行为,联盟就有可能破裂。所谓"一朝被蛇咬,十年怕井绳"差不多就是这个道理。一票否决意味着一次机会主义行为就有可能直接否定掉多年的合作关系,这种信任的脆弱性正隐含了联盟中的关系风险。因此,对于联盟企业来说,机会主义行为所可能造成的危害不仅仅是可能的惩罚,而且要考虑到对企业未来发展的影响。从风险规避的角度出发,机会主义行为不仅影响了联盟伙伴当前的选择,而且也会影响到伙伴未来的战略选择。

第四节　企业跨国联盟关系风险生成机制总论

一、跨国联盟关系风险生成总结

下面将根据跨国联盟的市场基础及相关联盟关系风险,提出分析框架,在框架的基础上,构建一个较为完整的分析体系。综观全球跨国联盟的发展和失败,发现联盟的失败无外乎两个方面的原因:经济基础和上层建筑。联盟双方或是联盟各方因为经济上的纠纷(或者可以理解为利益上的冲突)而发生关系风险的例子比比皆是,应该说大部分跨国联盟失败的最终原因都可以归结为这一点;此外也有一部分跨国联盟关系风险的产生来自于跨国企业之间在文化、组织结构、经营理念等方面的差异,也就是说源于上层建筑的冲突。

从经济学的角度来看,经济基础决定着上层建筑,联盟中,组织构架等往往决定于联盟双方的背景实力和谈判能力。从这个意义上来说,经济基础是贯穿整个联盟过程,影响跨国联盟关系风险的一条总线。在前文中,将关系风险中的机会主义行为划分为利益类、资源类、组织类和其他类,表现在总结图中就分别为经济基础、资源配置和组织配置等(见图 2-8)。

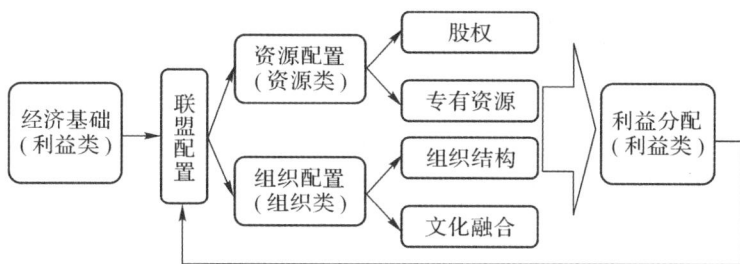

图 2-8　跨国联盟关系风险形成图

　　总结图所传达的意思十分明确,主要包含三个方面:第一,一切风险的产生都是有源有根的,所以说当研究跨国联盟的关系风险的生成机制时必须了解到关系风险的主要来源是联盟的经济基础和上层建筑。前者代表了跨国联盟双方的经济实力、谈判能力、核心竞争力以及跨国联盟所处的市场基础等;后者代表了联盟双方所处的文化背景、联盟的组织构架以及管理运营模式等。第二,经济利益是贯穿联盟各个方面的要点所在,它影响了联盟的上层建筑,并通过循环式的联盟运营在权利利益中不断调整。从表现上来看,关系风险体现在权利的制约、利益的分配、资源的依赖、反应的灵敏度、欺骗行为、文化冲突、学习竞赛等多个方面。第三,总结代表的是跨国联盟关系风险的一般分析,也就是意味着这是一个具有普遍意义的现象。因此,在这个分析框架下,无法着重强调跨国联盟的特殊涵义,而这正是本书下一部分需要着重解决的。

二、企业跨国联盟特殊关系风险——文化冲突

　　在跨国联盟的研究中不得不注意到在跨国联盟中的另一要点——文化差异。文化融合问题是跨国联盟区别于国内联盟最为突出的一个标志,国内企业之间由于所处的文化背景一致、员工之间的社会文化认同度较高、企业经营文化较为相似等原因,几乎不存在文化融合问题。但是,在跨国联盟中,地理上的距离导致了不同国家的企业和员工之间存在着极大的文化差异。一个广为流传的例子是日本和美国员工之间的雇员观念差别极大,日本提倡的是终身雇用制,而美国则流行跳槽发展;同样亚欧文化在社会理念、道德标准等方面也存在着很大的不同。即便都在东亚,作者就曾发现不同国家的员工之间难以达到满意的文化认同,例如韩国第三大企业 SK 集团在发展中国战略中就发现,员工的文化认同是一项几乎难以实现的课题。对于中国企业来说,五千年悠久的文明和传统的积淀在与外国文化碰撞中难以避免会产生火花。

随着经济全球化的推进,越来越多的中国企业加入到跨国联盟的行列中。与国内联盟不同,跨国联盟之间的文化差异对联盟的关系风险有很大的影响。国内企业之间由于所处的文化背景一致、员工之间的社会文化认同度较高、企业经营文化较为相似等原因,几乎不存在文化融合问题。但是,在跨国联盟中,地理上的距离导致了不同国家的企业和员工之间存在着极大的文化差异。文化差异主要来自于两个方面:一是民族文化差异;二是组织文化差异。

民族文化对员工的影响比组织文化对员工的影响大。分析联盟企业的民族文化差异,是联盟中文化整合的重要前提。以中国、日本为代表的东方文化是以儒家伦理为基础发展起来的,这是一种以农民社会为主体的农业文化,又是以宗法血缘关系为根基的宗法制度文化;以欧美等国为代表的西方文化是在古代希腊文化和犹太基督教文化基础上发展而来的,是以平民为主体的商业社会文化和市民社会文化。这两类不同性质的文化系统决定了东西方人格特质构造和发展取向的整体差异。这种差异,可以根据 Hofstede 的理论进行分析。比如,选取美国、英国、法国、德国和日本这 5 个国家与中国在 5 个维度上进行比较,分析联盟成员国文化差异,如表 2-3 所示。

从下面的资料数据可以清楚地看到不同的国家之间民族文化的差异非常巨大。

表 2-3　中国与美、英、法、德、日按 Hofstede 文化维度指标得分的排序①

国家	权力化程度	不确定性规避	个人主义	男性主义	长期取向
中国	89	44	39	54	100
美国	30	21	100	74	35
英国	21	12	96	84	27
法国	73	78	82	35	—
德国	21	47	74	84	48
日本	32	89	55	100	—

注:100 为最高;50 为中等。

除了民族文化,企业组织文化的差异也日益明显,它包括三个层次:即物质文化、制度文化和精神文化。企业物质文化是企业的物化形象的外在表现和对社会的影响,包括企业生产经营的物质基础(厂房、机器、设备等)和生产经营的产品。它主要表现在两个方面:一是精心设计,别具匠心地把各种技术、文化、艺术等因素融会于产品、包装和商标之中;二是智力投资在增加,企业文化教育及培训设施在基础设施中所占的比例在加大。

---

① 缪匡华:《跨国联盟企业文化差异分析框架》,《福建行政学院附件经济管理干部学院学报》2007 年第 6 期,第 77—79 页。

企业制度文化是指将社会文化的精华和民族文化的成果渗透于企业的生产经营和管理活动中,从而反映出企业的生产经营特色、组织特色、管理特色等一系列管理规章制度,它包括人际关系、企业领导体制和行为以及进行正常生产经营活动而制定的规章制度。

企业精神文化是指企业全体员工的共同行为方式以及指导和支配行为共同持有的价值标准、信念、态度、行为准则、规范等。这些都是在长期的物质文化发展过程中形成的,它渗透在企业的一切活动中,是企业的精神支柱和灵魂。

Williamson(1993)认为,关系风险来自伙伴潜在的投机行为,即借助于不正当手段狡猾地谋取自身利益。他将机会主义行为定义为:以不正当手段谋取自利的倾向,这种倾向或者表现为事先的机会主义,如隐瞒信息扭曲信息以签订利己的合同,即所谓的逆选择行为;或者表现为事后的机会主义,即违背合同钻制度政策及合同的空子,即所谓的败德行为。

与国内联盟相比,跨国联盟之间的信息不对称以及语言上的差别使得事先机会主义行为更为突出。从国内的现状来看,很多国内企业希望通过与跨国公司的跨国联盟来获得核心竞争力的提升或者是学习到跨国公司先进的技术及管理经验,但是大量的事实显示,在合资的过程中,国内的合资企业往往被边缘化,非但没有获得核心技术,反而连自己的品牌都难保。最后,只能沦为外资的生产工具或是被恶意并购。当然,这种现象只是茫茫跨国并购中的一部分而已,绝不能将跨国公司的运作都当是恶意的,而是应当在联盟的早期谈判及价值判断中有一个较为准确的判断,以防出现此类事件的发生。

第五节　本章小结

为了研究企业跨国联盟关系风险的各种机制,对国外文献的研究中发现,Das 在最新的一篇文章中将影响联盟关系风险的因素归为三个方面:关系类、经济类和时间性的。这一方法进一步拓宽了研究的视角,这种分类方法不仅可以更好地设计问卷,以获得实证检验的结果,而且为框架构建打开了一扇窗户。本章在借鉴国外学者的这些研究成果的基础上,在研究跨国联盟关系风险的生成机制中,建立了一个全新的框架:不仅对关系风险的要素加以拓展,增加了一些适合研究国内企业跨国联盟关系风险的影响因子,而且对这些影响因子做了全新归类,发现对于不同类型的企业跨国联盟,由于其本身的组织构架、联盟方向存在着很大的差异,导致了它们可能会遇到的联盟关系风险也会大相径庭。

因此,将关系风险重新划分为:(1)资源类;(2)组织类;(3)利益类;(4)其他四个方面,并且发现:契约式联盟主要关注资源类的关系风险,主要是因为这一类别的联盟主要是为了获得资源共享带来的收益。合资的联盟方式主要关注利益类以及组织类的关系风险。顾名思义,组织类的机会主义行为因素主要是跟组织相关的,而在所有这几类的联盟中,只有合资是建立了新的组织关系。这就决定了合资必然会较多低关注与组织建设相关的因素。少数股权参与的联盟模式一般关注利益相关的问题,当联盟伙伴之间具有共同的利益,就能够较大地保障联盟共同目标的实现,也就减少了关系风险。

这一框架体系的建立不仅将联盟的市场基础、联盟的属性分类以及联盟关系风险三个维度很好地结合起来,而且能够从联盟关系风险产生的根源出发,进一步分析关系风险的形成机理。在随后的工作中,进一步细化分解了不同阶段联盟的关系风险,剖析了在跨国联盟的伙伴选择、跨国联盟建立、跨国联盟运营、绩效评估四个阶段中关系风险的不同表现和影响,并给出了在每一阶段联盟关系风险的关注重点。通过对四个阶段关系风险的分析,更好地认清了关系风险,也有助于企业在现实的联盟过程中来识别关系风险,尽量减少由于关系风险带来损失。

下一章,将进一步分析企业跨国联盟关系风险的演化机制,通过辨析两种方法的演化模式,提炼了四个影响因素,并对这些因素的演化方向做出研究。同时,引入了承受曲线这一工具,更好地分析了演化模式。

第三章

企业跨国联盟关系风险的演化机制

第一节 跨国联盟关系风险演化

随着时间的推进,企业战略联盟会朝着不同的方向发展,有些联盟发展态势良好,能够维持较长的生命力;而还有一些联盟则可能遇到发展的困境,或是解散,或是在不愉快中进行着。很显然,战略联盟是否能够妥善、良好地发展与联盟的关系风险有着紧密的联系。对于关系风险较小的联盟来说,联盟伙伴之间能够友好相处,联盟内部知识可以实现有效的转移,联盟的总体收益就能够达到联盟的既定目标。相反,如果关系风险较大,则联盟伙伴之间可能相互不信任,联盟目标无法得到妥善的实施。由此可见,对于既定联盟来说,关系风险演化有两个方向:良性演化和恶性演化,对此可以用图 3-1 表示:对于关系风险来说,当联盟建立时,关系风险指数位于点 a,随着时间的推进,关系风险指数有可能变大(即风险升高,恶性发展),如图 bc、de 段所示;也有可能变小(即风险降低,良性发展),如图 ab、cd、ef 段所示。

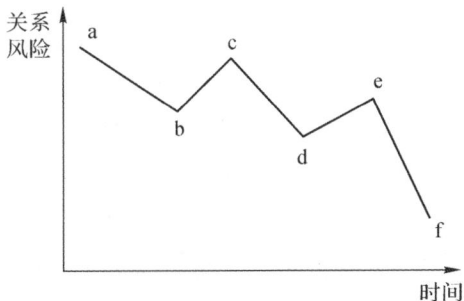

图 3-1 关系风险演化示意图

一、关系风险演化函数

对于既定的跨国联盟来说，当联盟建立并产生了一定组织契约的时候，战略联盟即处于一个潜在的关系风险环境下。当然，在大部分的情况下，这种风险是隐形的，不会在短时间之内表现出来，但是，随着联盟时间的推进，这种潜在的风险就会浮上水面。对于该联盟来说，如果这一浮现的风险是联盟建立时就存在的潜在的风险，事实上，联盟的关系风险并没有发生实质性的变化，仅仅是由隐形向显性转变而已。

鉴于以上认识，可以假定在跨国战略联盟建立的时候联盟就形成了某一高度的关系风险，称之为初始关系风险。当联盟的关系风险偏离这一初始值的时候，认为联盟的关系风险发生了演化，这也就是这里要研究的对象所在。那么，有哪些因素会对联盟的关系风险产生影响呢？很显然，联盟的控制、伙伴之间的信任程度，联盟的公平性、伙伴之间的契合度等都会对关系风险的演化产生影响，因而，关系风险的演化函数是一个多因素综合作用的结果（见公式 3-1）：

$$I_R = f(\bar{c}, \bar{tr}, \overset{+}{fa}, \overset{+}{re}, \bar{t}, \bar{m}) \tag{3-1}$$

式中：I_R（Index of Relational Risk）为关系风险指数，指数越高表示关系风险越大；c（control）为联盟控制；tr（trust）表示联盟伙伴之间的信任程度；fa（fairness）表示联盟的公平程度，包括过程公平和结果公平；re（relatively extra income）表示相对外部收益，即相对于联盟内部收益的外部收益；t（time）表示联盟运营的时间；m（merge rate）表示契合程度，与文化差异等有关。其中 c、fa、re、m 都是与联盟制度和运营相关的函数，它们会随着联盟组织制度、控制制度以及分配制度的改变而改变。

因此，对于联盟关系风险的演化来说，包含着两种模式：其一是并没有发生联盟制度的改变，但是信任影响了联盟的关系风险；其二是伴随着联盟制度的改变的关系风险演化。根据这一分析，将影响关系风险演化的因素归为两个方面，以便于分析：信任 T（trust）和联盟运营水平 L（management level）。当联盟的控制机制越完善并能够实现公平和良好的契合程度时，联盟可以实现较好的运营水平。那么，就可以将关系风险的演化函数改为公式（3-2）：

$$I_R = f(T, L) \tag{3-2}$$

对于该函数，可以假定，对于某一关系风险水平，有多种不同组合的 T 和 L，将这些 T 和 L 组合的点连到一起，就可以获得某一关系风险水平的无差异曲线（如图 3-2 所示）。由于关系风险是两者的减函数，所以也就意味着，越靠近原点的无差异曲线,关系风险越大,越远离原点的无差异曲线上的关系风险越小。由于演化函数所涉及的三个变量可获得的数据都是通过主观判断给出的,因此,利用无差异曲线来模拟关系风险也仅是对大概趋势的一种判断,而非量化的图 3-2 表示。

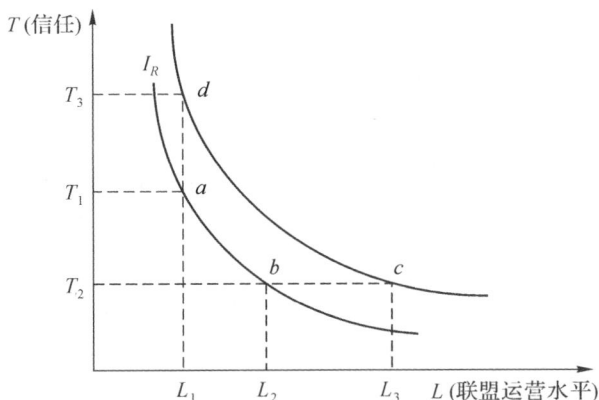

图 3-2 战略联盟关系风险演化函数示意图

由图 3-2 可知,$a(L_1, T_1)$、$b(L_2, T_2)$ 两点位于同一关系风险指数下,即假设条件下,a、b 两点的关系风险指数相同。信任的增加可以抵消由于联盟运营水平不足带来的缺陷,同样,联盟的运营水平越高,对信任的要求也相对降低。当将其中一种因素不变时,发现任何一种水平的提高都能够降低关系风险,使关系风险向良性演化。由此,可以得出以下基于假设的结论:

C_1:当联盟运营水平不变的情况下,随着信任增强关系风险向良性演化,反之亦然。

C_2:在联盟的信任水平保持一定的情况下,联盟运营水平的提升可以使关系风险向良性演化,反之亦然。

C_3:在某一风险强度控制下,信任可以抵消由于联盟运营水平不足带来的缺陷,同样,较好的联盟运营水平相对要求的信任水平较低。

C_4:当信任和联盟运营水平都正向变化时,关系风险必然向良性演化;当信任和运营水平都向负向发展时,关系风险必然向恶性演化;当两者变化趋势不同时,关系风险演化则决定于双方的强度。

C_5:联盟运营水平与信任水平紧密相关,当联盟内部公平得到实现,则联盟伙伴对联盟更有信心,信任水平亦上升;联盟的契合水平越高,伙伴之间交流沟通得越多,信任也就随之产生。

二、信任对关系风险演化的作用

(一)信任的定义

相互信任就是合作各方坚信：没有一方会利用另一方的弱点去获利。Ernst 和 Bleeke(1993)将企业对联盟伙伴的信任程度定义为：企业认为其伙伴是真诚相待、遵守承诺、有诚意进行合作且不会占己方便宜则称之为可信任。信任很多时候都被认为是联系联盟伙伴间关系的重要元素(Nooteboom，1996)，它可以带来很多方面的优势，例如：信任鼓励真实信息的披露(Ring and Van de Ven，1992)，降低监管费用(Barney and Hansen，1994)。在控制和协调问题上，信任保证潜在的联盟伙伴具备较高的合作程度，这种合作不仅体现在日常工作中而且也反映在对突发情况的动态反应。也就是说，信任的存在会减少搭便车行为、价值占用且更容易创造价值。但是组织间的信任很难观察或是测量，只能够借助伙伴间过去的关系以及联盟伙伴对未来关系的感知来衡量。过去的关系是信任的一个指示，也就是说信任产生于过去的经历或是交流。类似的，未来可期待的交流也可以看做是信任的表现(Parkhe，1993)，因为对于未来交互的期待会鼓励合作行为，特别是当未来的关系对于合作伙伴有价值的时候(Hill，1990)。

信任的第一要因是存在不确定性。未来事件和联盟伙伴对这些事情的反应的不确定性越大，就越需要相互之间的信任。信任能够确保成员企业以共同都能接受的行为对这些未知的环境做出相应的反应。信任的第二要因是联盟存在脆弱性。联盟潜在损失的可能性越大，就越需要相互信任。信任能降低可察觉的可能发生的损失，减弱或消除机会主义动机与行为，从而能够使得联盟伙伴更好地共享优势整合。一般来说，如果联盟中的一个成员企业占有完全、准确和及时的信息，那么联盟的脆弱性就越低。但是现实的情况是联盟的不确定性总是存在的，即使拥有完善的报告以及严格的监督机制，还是存在信息的不完全，因此联盟的脆弱性是无法避免的。

(二)信任的维度

Williams(1988)提出了一个体系用于解释合作的决定因素，如表 3-1 所示。他认为这些资源没有一项其自身就能够满足，也就是说，在合作中，混合的资源才是可行的，而且没有可以通用的最佳组合。通常，信任本身无法成为合作的基础;同样,物质利益和强迫力也从来不足以成为合作的基础:因为一个伙伴无法通过威胁和奖励完全控制对方的行为,每一个都需要信任以加强合作的脆弱基础(Ring and Van de Ven,1994)。

在表 3-1 中,信任与非自我本位的合作来源联系在一起;对合作者的忠诚来自于规范和道德以及朋友关系、血缘关系而非胁迫力或是物质利益的束缚。

信任的第一个维度是价值和规范的制度化,并构成了交易关系的道德规范。这是与传统的交易成本相联系的。

信任的第二个维度是习惯性的,可以定义为熟悉化。习惯形成以及联系是由积极的经验所产生或是加固的。交易厂商之间以朋友关系或是血缘关系的形式相互联系(Seabright et al.,1992),将其称为"惯性"。重复的交流会导致形成习惯以及行为的制度化。因此,行为的模式会被为追求效率而做出的理性决定所掩盖。如 Hirschman(1984)所指出,信任不像大多数的商品,它可以在使用中生长而不是耗尽。因此,习惯化成为了"无形资源"的一个部分(Itami and Roehl,1987),这使得未来的合作更加容易完成。然而,消极的经验很有可能产生更大的效应:当信任被欺骗了,那么就需要很长的时间才能重新建立。如果信任是盲目的,在单一主观可能性的形式下,迟早会产生失望,因为很少有伙伴可以抗拒每一个机会。

表 3-1 合作的来源

	宏观层面	微观层面
自我本位	强迫或是害怕受到一些权威的制裁(例如:法律)	物质优势或是兴趣
非自我本位	道德规范:价值/正当的行为规范	朋友、血缘以及情感关系

资料来源:Williams(1998)。

(三)信任的类型

对于信任的分类,学术领域中主要有以下三种方法:

(1)Lewicki 和 Bunker(1995)把信任分为了解信任、认同信任、计算信任三种类型。

了解信任依赖于联盟双方共同的思考方式,这种信任有助于联盟一方理解并预测另一方的思路;认同信任存在于联盟双方具有共同的道德规范和价值观,这需要双方具备长期的合作关系以及在企业文化、价值观上的认同感;计算信任是指联盟各方都是理性的经济人,相信联盟伙伴也会理性地分析信任与不信任的成本和收益。

(2)Barney 和 Hansen(1994)根据机会主义的强弱把信任分为弱式信任、半强式信任和强式信任。

弱式信任意味着存在着有限的机会主义的可能性,但是低度的信任并不必然导致联盟中成员相互欺骗,合作各方之间相信它们自己没有明显的弱点可以被对方用来作为损害自己利益的工具。半强式信任也称为管理信任,当联盟中存在明显的机会主义,联盟伙伴就会通过管理机制来维护自己的利益,这就出现了半强式信任,管理信任为一个有机会主义的联盟伙伴施加了多种成本,当机会主义的成本将比其收益更高时,就迫使该企业修正不当行为。强式信任也称为"硬核心信任",指在具有显著的交易脆弱性的情况下,由于机会主义行为违背了内在化的价值观、原则以及行为规范而形成的信任。强式信任是一种原则性的信任,它不依赖于社会和经济机制。

(3)Das 和 Teng(2001)将信任分为两个维度:友善信任(goodwill trust)和能力信任(competence trust)。能力信任指的是"对合作伙伴技术能力的期望"(Barber,1983),它包含"能力"和"专业"(Mayer et al.,1995)。不同于能力信任的其他维度作者把它归于友善信任,这可能会包含责任(Barber,1983)、依赖性(Rempel et al.,1985)、正直(Mayer et al.,1995)。一般来说,友善信任指的是"社会关系中,伙伴具备道德约束和责任以证明它们对自身或是其他人利益的关切的一种期望"。如果用 Nooteboom 的话来讲就是能力信任是伙伴完成合作协议的能力,而友善信任是它们这样做的意图。

(四)信任及关系风险演化

根据上述对信任的分析可以认为信任的产生可以弱化关系风险的消极作用,强化联盟的共同收益。对于企业跨国联盟来说,信任是影响联盟关系风险诸要素中最为重要的一个方面:

(1)当信任由弱式信任向强式信任转变时,企业跨国联盟的关系风险可以得到缓解,关系风险向良性演化;反之亦然。

(2)由情感所维系的友善信任比起利益和制度维系的能力信任更为稳定,因为后者会随着联盟伙伴对于成本收益的核算而发生变化。

(3)信任的产生可以弱化由于控制、信息不对称等其他因素的不周全带来的负面影响,使联盟维持较好的伙伴关系。

正是由于联盟的脆弱性和未来的不确定,使得信任显得格外重要。

三、联盟运营水平及关系风险演化

上文通过提出关系风险的演化函数给出了联盟运营水平,它是一个综合衡量联盟中的控制水平、公平程度、契合程度、相对外部收益等几个会随着联盟运营及联盟制度的变革而改变的因素。这几个因素都会影响关系风险的演化:联盟的控制机制能够有效地监督联盟伙伴的机会主义行为,加大伙伴机会主义行为的成本,从而降低关系风险;联盟内部较好的公平程度可以给予联盟伙伴更好的合作信心,增强联盟伙伴之间的信任,降低关系风险;联盟双方或多方之间的契合程度越高,特别是对于跨国联盟来说,由于文化不融合带来的问题就相对减少,联盟内部的沟通更为融洽,关系风险水平降低;相对外部收益关乎联盟的收益分配机制和外部收益水平,当联盟相对外部收益水平较低的情况下,联盟伙伴机会主义行为的成本较高,关系风险较低。

(一)联盟的控制机制及关系风险演化

此处,联盟的控制机制单指联盟在契约、合同、制度上所规定的正式的控制机制,例如惩罚制度、奖励制度、监督制度等。由于联盟的控制机制多为硬性规定,因而从关系风险的角度来说,需要联盟伊始就能够建立较为完善的制度约束,或者可以称为最优契约设计。[①] 契约条款设计越复杂,面对未来不确定事件的机会主义行为选择将越少,但是,同样越是复杂的契约,其签约成本也就越高,契约对未来环境的适应性就越差。因此:

(1)当契约及制度设计很好地对未来事件做出预测和反应的时候,联盟关系风险水平降低,反之,当未来环境发生巨变,而契约难以及时调整时,关系风险水平上升,关系风险向恶性演化。

(2)当联盟的伙伴双方能够很好地履行契约、对联盟伙伴双方进行正规的监督和激励时,联盟的关系风险水平向良性演化,反之亦然。

(3)当联盟面对关系风险威胁时,若联盟双方能够以未来的合作为重,对契约做出相应的调整,使得现有契约更加适应环境变化,那么,关系风险向良性演化。若双方置之不理,则关系风险向恶性演化。

---

① 杨波、张卫国、石磊:《企业战略联盟中机会主义行为及其控制分析》,《现代管理科学》2008年第7期。

(二)联盟的公平程度及关系风险演化

联盟的公平程度是每一个联盟伙伴最为关系的议题之一,它包含两个方面:过程公平和结果公平。在现实的联盟中,过程公平经常被用于衡量联盟伙伴的可信度和忠诚度,因此可以说,这是一个与联盟信任水平紧密相关的要素。

由于联盟各方对于另一方的可信度和忠诚度没有足够的信息,也无法确定各自最终所能分享的收益,因此,它们会求助于过程公平来决定各自的参与程度。因为关系风险和不确定性的存在,很难预测联盟的收益,由此可见过程公平可以作为促进长期合作的基石。有效的过程公平强化了合作组织中的忠诚度,抵消了由于不同组织规范、价值和文化分歧所产生的"脆弱效应"(Lind and Tyler,1988)。在战略决策过程中,过程公平可以放大新的内部组织规范的接受程度并减小在管理方式中的差异。通过这种内部化,各方的合作能力和忍受程度可能会得到加强,也就使得联盟双方能够对外部环境的变化做出一致的反应。因此:

(1)过程公平与信任水平紧密相连,联盟伙伴可以通过对过程公平的衡量来确定对方的合作意愿和忠诚度。因而,过程公平能够强化信任水平,降低联盟的关系风险,使关系风险向良性演化。

(2)结果公平关乎联盟的分配结果,如果联盟一方的最终收益与其投入及联盟的总体收益相呼应,那么这种分配水平就是较为公平的。结果公平能够促进联盟伙伴继续合作的意愿,能使未来的关系风险向良性演化。若联盟的一方认为最终的分配结果不尽如人意,则其对联盟的信心会大幅降低,机会主义行为的倾向加大,关系风险向恶性演化。

(3)合理的分配制度建立能够促进收益分配的公平性和认可度,而联盟运营过程中伙伴双方之间的尊重、社会认可、荣誉感、责任和礼貌等因素都会促进联盟的过程公平,从而促进员工交流和关系纽带的强化。

(三)联盟契合程度及关系风险演化

联盟的契合程度主要表现在跨国联盟伙伴之间能否实现文化融合、员工之间是否能够实现较好的交流和信息的互通。联盟的契合程度可以影响跨国联盟内部的信息传递的效率、执行水平以及员工之间的默契程度。这些要素会对联盟的运营产生很大的影响。若联盟内部的企业之间难以实现融合,那么联盟的很多举措就难以得到较好的实施和执行,或是造成信息阻碍问题。因而,文化融合和组织融合的问题是跨国联盟运营过程中的一个重要议题。很多跨国联盟就是因为跨国企业之间存在文化差异而使得很多措施难以实施,最终导致了联盟的失败。根据奥伯格对跨国文化冲突的研究,文化冲突往往要经历四个阶段:蜜月阶段、冲突阶段、适应阶段和稳定阶段。

要实现跨国联盟较高的契合程度,需要认清不同国家之间行为模式的差异,从而能够较好地实现跨国管理。企业管理行为模式是企业价值观的一种外在表现,通过对这种行为模式的认识,可以帮助我们处理联盟管理中的契合性问题。国内学者已经对中、美、日三国的行为模式差异做了比较(见表3-2)。

表3-2　中美日三国行为模式差异分析表①

评价的因素	美国企业	日本企业	中国企业
雇用制度	短期雇用	终身雇用	终身雇用
决策制度	个人决策	集体决策	集体决策
责任制度	个人责任	集体责任	个人责任
评价与晋升制度	快速的评价和晋升	缓慢的评价和晋升	较快速的评价和晋升
控制机制	明晰的控制	含蓄的控制	含蓄的控制
人员职业发展途径	专业化的发展途径	非专业化的发展途径	专业化的发展途径
员工与组织关系	局部关系	全面关系	全面关系

很显然,从表3-2中可以清楚地看到不同国家企业的价值观的差异,对于跨国联盟来说,在联盟决策和员工管理的过程中,就应当正视这种差异的存在,尽可能地实施本土化战略,这对于跨国联盟来说是有益的。

(1)跨国联盟良好的文化契合、组织契合程度可以促进联盟内部的沟通交流,提升联盟运营的效率,使关系风险向良性演化,反之亦然。

(2)对于跨国企业之间存在的行为模式差异,跨国联盟必须予以正视,应采取适当的本土化战略,有助于解决文化冲突问题,使关系风险向良性演化。

(3)跨国联盟关系风险往往产生于跨国文化冲突的"冲突阶段"。此时,跨国联盟双方不再对一切感到兴奋和新奇,反而会面对各种由于文化差异带来的棘手问题,从而产生潜在的关系风险。如果跨国联盟双方能够在这一阶段妥善地处理文化冲突问题,帮助不同文化背景的员工之间互相了解和认识,加深双方之间的认可程度,那么关系风险则会向良性演化,直至文化冲突稳定下来。若在这一阶段,联盟双方难以解决这一问题,则关系风险向恶性演化。

---

① 陈至发:《跨国战略联盟企业文化协同管理》,中国经济出版社2004年版,第108页。

(四)相对外部收益及关系风险的演化

对于成立跨国联盟的双方来说,它们的经营环境并非只有联盟本身。作为独立的经营个体,它们还要面对各种来自联盟外部的经营活动。因此,对于任一联盟参与者来说,它要面对两方面的收益:联盟内部收益和联盟外部收益。其中联盟外部收益要包含两个部分:其一是企业所获得的与联盟无关的收益来源;其二是企业可通过机会主义行为获得的与联盟相关的收益来源。前者主要会影响企业对联盟的资源投入。如果企业能够在其他机会上获得更高的投入产出比,那么企业就可能不会选择对联盟增加投入,或是减少联盟的投入。后者一般为一些短期利益,如果企业对联盟不尽满意,同时又有外部收益的诱惑,那么此时,企业就可能会采取对联盟不利的机会主义行为来获取外部收益。由此,可知:

(1)联盟企业所面对的相对外部收益较高时,企业会更多地采取机会主义行为,联盟关系风险恶性演化。

(2)当企业所面对的战略联盟机会主义行为成本较小时(即控制较弱),企业会更多地注重眼前利益,从而追求联盟外部收益。

(3)跨国战略联盟可以通过对企业声誉机制的控制来降低企业追求联盟外部收益的动机,从而降低关系风险。

四、关系风险演化方向的影响机制

(一)影响关系风险演化因素的分析

前文中对影响联盟关系风险的因素进行了比较全面及深入的分析,Das 的分析框架中将这些因素分为经济类、关系类以及时间类三个方面。在此基础上本书提出了资源类的、组织类的、利益类的和其他等方面的影响因素。下面主要从联盟关系风险演化的角度考察各个因素。对此将上文提及的各影响因素进行整合和提炼,将影响因素分为主观和客观两个方面。主观方面包括联盟所采取的战略;客观方面则包括合作双方差异度、合作任务复杂度以及合作分配公平度。以下是对这几个方面的详细介绍。

1.联盟采取的战略

联盟所采取的战略依其正常发展路径可以分为适应战略、改造战略以及稳定战略。在适应战略中,联盟在有限的深度和可靠性内给企业信息和资源,以增强其资源禀赋和提高其战略灵活性。联盟初期战略具有高度的不确定性,合作的双方相互不够了解,对联盟未来的发展也没有明确的计划,对外部环境也不够熟悉,同时这一阶段联盟具备的资源禀赋较少,因此联盟更多地选择去适应环境,采取适应战略。

改造战略的意图是开发新的资源和能力以及勘探新的发展机会。经过前期的积累,联盟的资源禀赋增强,具有强的技术和商业竞争力和丰富的社会资本,同时双方的合作进一步深入。这会促使联盟采取改造战略,根据公司的战略利益主动地改变环境。

在稳定化战略中联盟的目标是优化和利用现有的资源以及稳定环境。经过前面长期的积累和磨合,联盟就会进入维持阶段。这一阶段,联盟的资源禀赋进一步增强,战略不确定性下降。当环境不确定性和动态性都比较低时,公司偏好稳定战略以有效地深入开发前期积累的资源。

联盟采取的战略与前文分析的外部因素高度相关,正是在不同的环境下才催生了不同的联盟战略,同时战略的转换也意味着联盟的演化,不同战略带来的关系风险与联盟不同阶段关系风险的生成机制本质上是相同的。

2.合作任务的复杂度

合作任务的复杂程度是对资源类和组织类因素的一个提炼,特别是资源类的因素。合作任务复杂程度是关系分类的一个普遍的基础(Bensaou and Venkatraman,1995;Garrette and Dussauge,1995),而且是伙伴间交流范围和深度的函数。范围指的是伙伴间任务交叉的领域。当联合工作覆盖更多的企业价值链时,范围会增加(Child and Faulkner,1998)。当联合工作的地域、层次和市场或技术范围增加的时候它也会增加。深度指的是伙伴间交流的密度而且可以衡量,比如,用各方贡献于共同工作的人工时间来衡量。与任务相关的交流范围和深度的增加也会期望合作的需要和整个合作的成本都增加。两种类型的联盟,一个是品牌合作,另一个是联合应用研究和产品开发,勾勒了联合工作复杂程度和合作成本的不同。在品牌合作协议中,交流的范围和深度及与之相关的合作成本都非常低。联盟的任务被局限在合作伙伴价值链中非常小的部分,相应地有很少的人来自每个企业为这个任务工作。而另一方面,应用研究和产品开发的联盟意味着企业必须更加密切地和在更广泛的价值链活动中合作,包括 R&D、工程以及物资技术供应、生产和营销。相似的,也期望两家跨国公司参与特定任务的联盟在合作中比起有限领域的联盟成本会更大(前者的地域范围大,比如航空公司,后者仅仅在一个国家或地区合作)。

一些学者从交易成本的视角将任务复杂程度与控制相联系(Reuer et al.,2002)。在复杂度客观存在的情况下,成功的合作需要协调、信息交流和其他联系的活动、整合机制和支持的行政结构(Gulati and Singh,1998;for other examples,see the review by Spekman et al.,1998)。当范围和密度增加时,处理信息需要更多的能力(Bensaou and Venkatraman,1995;Daft and Lengel,1986)。信息处理和问题解决的文献显示两个伙伴交流的复杂度与协调成本是直接相关的,结果与效率是呈反比例关系的。这与早期机构间相互依赖性的研究是一致的,这些研究指出不同的工作需要不同类型的协调模式(Lawrence and Lorsch,1967;Thompson,1967;Van de Ven et al.,1976)。具有更高水平相互依赖性的更复杂的任务需要更大的协调(Bensaou,1997;Gulati and Singh,1998)进而导致更高的成本(Gulati and Singh,1998)。根据这个逻辑,限制参与工作的两个或更多机构的交流将会是更有效率的。实际上,这是对活动和复杂系统部分分工和模块化文献的延伸。这些文献将分工和模块化作为提高解决问题的效率的一种方法。但是,这样一个关于效率的讨论是以机构内交流是独立的以及利润是固定为前提的。正如前面已经谈到的,这种假设可能不合适,原因有两个:第一,合伙人可能受限制于它们调节交流能力的大小。联盟形成的动机在于有一项任务,一家企业单独不能完成,而双方合作可能会完成。联盟的任务或一系列任务就需要它们有一定水平的交流和协调。第二,强调总的联盟价值的基本观点是利益的性质和程度随着交流程度的变化而变化。(Madhock,2000;Madhock and Tallman,1998;White and Lui,2005;Zajac and Olsen,1993)。相应的,更复杂的交流带来的成本可能会大于收益。

3. 合作伙伴的差异度

合作伙伴的差异度是对前文组织类因素的一个提炼,它一方面是利益的来源,另一方面也使得联盟更难管理。它包括战略侧重点的差异、机构或国别文化的差异以及决策制定模式的差异。缺乏战略上的利益关系会导致伙伴之间有害的冲突(Doz,1996;Mohr and Spekman,1994)以及联盟的失败(Ariño and de la Torre,1998)。合作伙伴之间除了能力上的差异外,还存在目标差异和利益冲突。企业结成联盟是为了增大利益或实现自身价值的增值,在实际的联盟中,联盟企业之间在利益目标和利润分配管理控制上存在差异,这些差异的存在必然会影响联盟的协同作用。联盟合作关系是用利益去驱动和维持的,它是企业在充分考虑自身利益的基础上形成的。如果企业认为在合作中不能产生足够多的利润,它就有可能选择退出。每个企业都希望自身的利益最大,都希望能从联盟产生的利益中分得最大的一块。一旦企业感觉到没有得到应得的回报,合作的积极性就会受到打击,一旦有其他机会,它们可能就会另做选择。当伙伴一方只考虑到自己的利益时,就会发生冲突。知识联盟中引起利益冲突的原因是多种多样的,这是因为加入联盟的各方是有所差异的:(1)目的的差异。不同的企业加入知识联盟时,各自的目的是不同的,有的是为了避免单个企业研究开发的风险,有的是为了学习联盟企业组织管理的经验,有的是为了获取别人的先进技术等。(2)所投入到联盟中的资源类型不同。投入财力资源的联盟伙伴更关心投资回报;投入技术资源,比如专利的联盟伙伴则更关心技术的保密性问题。(3)战略意图和目标也不同。战略意图是指联盟伙伴在联盟组建过程中出于自身利益而优先考虑并欲实现的战略目标。比如,一个联盟伙伴可能倾向于控制联盟,而其他联盟伙伴可能考虑如何更好地保护自己的技术资源不被泄漏或复制。联盟伙伴的战略意图反映了联盟伙伴的努力方向,联盟伙伴会根据自己的战略意图制定更详细的可操作性目标。理解竞争对手、联盟伙伴和自己的战略意图对企业的成功非常重要。(4)加入联盟动机不同。知识联盟的主要目标是知识和利益分享,但在加入联盟动机上,企业进入联盟并不是仅仅为了实现共同利益。在企业知识联盟中,一方面成员企业为了追求共同利益的最大化,结成利益共同体;另一方面它们又为了追求自身利益最大化,在合作过程中可能出现利己化行为。(5)行为策略不同。不同的加入联盟动机导致联盟成员行为的差异。竞争性联盟的成员更主要的是为了学习和吸收对方的内隐知识,获取联盟伙伴的技术或核心能力;非竞争性联盟的成员是为了彼此利用对方的技术和知识。因此,有些防御性较强的企业为了防止联盟伙伴窃取自身的核心技术,过分封闭自己,合作性不高。

4. 合作双方的公平度

合作双方的公平度是对前文利益类因素的提炼,它可以影响联盟总体成本的演化(Ariño and de la Torre, 1998; Doz, 1996; Madhock and Tallman, 1998; Ring and Van de Ven, 1994)。公平理论关注行为者与他投入的成本相对比的收益的感觉。联盟使每个合伙人都产生成本和获得收益,行为者会从绝对值或内部的标准评估收益—成本的比值(B/C)。在联盟中,合伙人是一个重要的对照物。Kumar 和 Nti(1998)已经指出在一个合伙关系中某个合伙人对感知到的不公平的评估和反应对联盟的结果有重要的影响。当不公平感增加的时候,企业都会更加不愿意参加联盟或继续以相同的方式待在一个特定的联盟中。Ring 和 Van de Ven 指出,跨国联盟中参与企业在评估伙伴间的关系时也许更依重于公平而非效率。公平的需要或被公平对待的需要对伙伴关系具有重大影响。公平指的是一个参与方与联盟收入相称的赢利,即联盟收入越多参与方的赢利就多。依据公平的动机理论,如果伙伴一方或双方感知到其付出与收益不对称、不公平,就会产生不平等的感觉,并通过改变它们的付出或收益去恢复平等的意识。因此,当联盟中的一方预期到付出不公平时,就会改变其行为策略,给合作伙伴关系带来危机。利益是联盟的动机和基础,联盟企业间的利益分配直接影响伙伴关系。联盟所取得的收益可分为两部分:一部分是共同的收益;另一部分必须在伙伴间加以分配。如果联盟的伙伴受到不公正待遇,或者预见到在将来会有不公平的待遇,那么他们合作的信心就可能被破坏,从而导致联盟伙伴关系的瓦解。在跨国联盟中,除了联盟建立后的贡献与利益分配问题会引起伙伴之间的不公平感之外,还有其他许多因素能够导致参与方对不公平的感知,如合作者的不配合、合作的一方缺乏选择、不利的法律环境等。在联盟中参与方感到的不平等越强,所感知的关系风险就越高。

第二节 关系风险动态演化机制——统一框架

一、联盟承受曲线的定义

上一部分研究了影响关系风险的因素及每个因素对关系风险演化方向的影响。本节进一步使用承受曲线深入研究关系风险动态演化的机制。

承受曲线的含义是联盟在一定收益的情况下所能承受的最大成本,这个成本包含了联盟所有的投入以及可能的损失。在前文研究的五个因素中,初始阶段合作伙伴计算联盟合作成本时将其看做是合作任务复杂度(T)和合作伙伴差异度(D)的函数:

$$C_a = f(T, D) \tag{3-3}$$

这个函数的具体形式无法得知,为了简化讨论,将其视为线性的(虽然现实中很少出现线性的情况,但其他形式分析的方法是一样的),即有公式:

$$Ca = \alpha T + \beta D \tag{3-4}$$

在实证数据不可获得的情况下,用图形来分析这个问题。假设这个函数可以取得最大值,即成本最高点(这个点在现实中是存在的)。可以认为这个点是企业可以接受的最高点,超过这个点联盟就是不可接受的。可以将承受曲线简单地用图 3-3 来刻画。

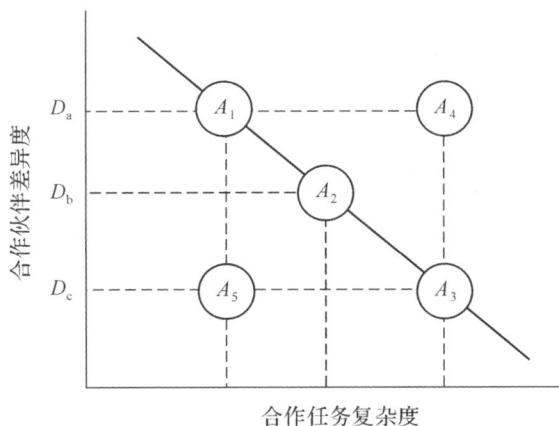

图 3-3　联盟的承受曲线

在图 3-3 中,联盟 A_1、A_2 和 A_3 是可以接受的,而 A_4 是不可以接受的,因为它的成本超过了企业可以接受的最高成本,即组建联盟带来的收益不可能超过这个成本,那么这个联盟就只能是失败的。A_5 虽然没有超过最高成本,但可以很清楚地发现,它所带来的收益也不是最大的,因为这个任务还可以通过增加合作的广度和深度以及进行更深层次的向伙伴学习来取得更高的收益,从理性经济人角度出发,这个联盟也是不可取的。这里也可以说明交易成本理论的缺陷。交易成本理论仅仅强调成本的控制,而成本最小化不一定意味着利益最大化,在控制成本的同时很多合作的利益也是不能获取的。

从这个承受曲线可以得到以下结论:

结论 1:联盟建立时,如果计算的合作成本超过期望的联盟收益,那么跨国联盟的形式就不会被选择。

结论 2:联盟运作中,如果感知到的合作成本超过感知到的收益,那么一个联盟要么终止,要么重组。

结论 3:只要能给企业带来更多的收益,企业就会改变现存的联盟(即使会带来更高的成本),只要总成本没有超过总收益,这个过程就不会停止。

在这三个结论的基础上可以用承受曲线研究关系风险的演化。

二、联盟关系风险动态演化机制

承受曲线的移动分为两种情况,即点移动和线移动。相应的,可以从这两个方面考虑联盟关系风险的动态演化机制。

（一）承受曲线的点移动

承受曲线的点移动分为两种情况：一种是在承受曲线上的移动，即图 3-3 中 A_1、A_2 和 A_3 的移动。这种情况下联盟的关系风险是不发生变化的，合作任务复杂度和合作伙伴差异度的变化是反向的：当合作任务复杂度增大时，合作伙伴差异度会降低，这样带来的总成本就不会变化；当合作伙伴差异度增大时，合作任务复杂度会降低，这样带来的总成本也不会发生变化。因此在承受曲线之上的点移动不会引起关系风险的演化，合作任务复杂度和合作伙伴差异度的作用相互抵消了。

另一种移动是点在承受曲线上和之外的移动，前面已经分析作为理性经济人不可能将联盟从承受曲线上移动到 A_5，因为在 A_5 这个点利益没有达到最大化。相反如果在 A_5 这个点，通过上一部分 C 这个结论（只要能给企业带来更多的收益，企业就会采取联盟或改变现存的联盟（即使会带来更高的成本），只要总成本没有超过总收益，这个过程就不会停止）。企业会不断移近承受曲线，以获取利益最大化。移动会无限逼近承受曲线，但不会达到或超过承受曲线。因为随着投入的增加，能够带来更大的收益，因此这种情况下的点移动会带来关系风险向低位演化。

如果联盟从承受曲线上的点移动到了承受曲线之上的区域（A_4 的区域），成本就会超过收益，在这个移动过程中，关系风险会向高位演化，联盟就面临着失败的危险。出现这种情况的原因可能是因为合作任务复杂度增加或合作伙伴差异性增加或二者同时增加。

对此可以得出以下四个结论：

结论 1：当承受曲线之内的点向承受曲线移动时，关系风险向低位演化。虽然合作任务复杂度或合作伙伴差异度增大，但关系风险会下降。这个结论与前一部分并不矛盾，因为前一部分仅仅考虑某一个因素对关系风险的影响，而本部分将几个因素结合并且放到成本—收益的大框架中综合考虑，因此会得出不同的结论。如果单独考虑一个因素，那么结论是不变的。

结论 2：当点在承受曲线上移动时，关系风险不变。此时合作任务复杂度和合作伙伴差异度的作用相互抵消。

结论 3：当承受曲线之上的点向承受曲线之外的方向移动时，关系风险向高位演化。此时合作伙伴差异度和合作任务复杂度都在增加，而且带来的收益小于成本。

结论 4：当承受曲线之外的点向承受曲线移动时，关系风险向低位演化。此时合作任务复杂度和合作伙伴差异度都在下降，而且减少的成本要大于减少的收益。

(二)承受曲线的线移动

因为承受曲线由最大承受成本和收益决定，联盟收益的变化会导致承受曲线的移动。如果期望的收益增加，曲线会远离原点；相反的，当期望的利益下降时，曲线会靠近原点。当曲线移动时，特定的联盟会从失败的区域转向可接受的区域，也可能从可接受的区域转向失败的区域，从而带来关系风险的演化。

合作伙伴公平度以及联盟采取的战略通过影响联盟期望收益的变化使得承受曲线发生线移动。

合作伙伴公平度不直接影响联盟的成本或收益。当企业认为自己的收益成本比低于它的伙伴或它认为是公平的值时，这个因素就会变得重要。企业会通过增加自己的收益、降低自己的成本、增加合伙人的成本或降低合伙人的收益来纠正不公平。这些都对企业的承受曲线有影响。如果企业能够在承担相同水平成本的情况下获取更多的利益，那么承受曲线就不会移动，关系风险不发生变化，联盟也不会失败。如果企业不能够从联盟中增加它的收益，它会努力降低与联盟相关的成本，直到它认为成本收益比与合作伙伴或其他参照物相比是公平的为止。理论上，企业的承受曲线移向原点(图 3-4 中 T_c 到 T_1)。以前合作成本为 $T_a + D_a$ 的可接受的联盟会落入失败区域。在这种情况下，企业可以选择降低成本或中止联盟。

如前所述，联盟采取的战略包括适应战略、改造战略以及稳定战略。在适应战略中，联盟在有限的深度和可靠性内给企业信息和资源，以增强其资源禀赋和提高其战略灵活性。改造战略的意图是开发新的资源和能力以及勘探新的发展机会。在稳定化战略中，联盟的目标是优化和利用现有的资源以及稳定环境。因此三种战略按照联盟期望收益从大到小依次为：稳定战略、改造战略和适应战略。这样的战略转换也会引起承受曲线的移动。

对于承受曲线的线移动，可以用图 3-4 来进行表述。

当合作伙伴公平度下降、联盟战略选择失误时，承受曲线会从 T_c 平移到 T_1，关系风险向高位演化；当合作伙伴公平度上升、联盟战略选择恰当时，承受曲线会从 T_c 平移到 T_0，关系风险向低位演化。

综上，根据承受曲线，可以得出以下结论：

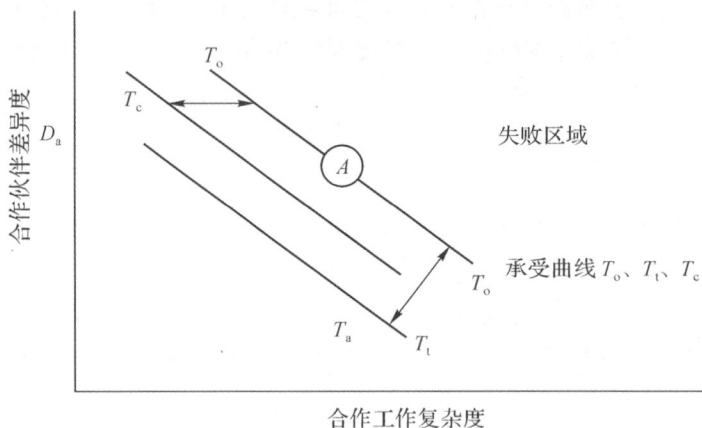

图 3-4　承受曲线的线移动

结论 1：当承受曲线之内的点向承受曲线移动时，关系风险向低位演化，此时虽然合作任务复杂度或合作伙伴差异度增大，但关系风险会下降；当点在承受曲线上移动时，关系风险不变，此时合作任务复杂度和合作伙伴差异度的作用相互抵消；当承受曲线之上的点向承受曲线之外的方向移动时，关系风险向高位演化，此时合作伙伴差异度和合作任务复杂度都在增加，而且带来的收益小于成本；当承受曲线之外的点向承受曲线移动时，关系风险向低位演化，此时合作任务复杂度和合作伙伴差异度都在下降，而且减少的成本要大于减少的收益。

结论 2：合作伙伴公平度上升，关系风险向低位演化；合作伙伴公平度下降，关系风险向高位演化。

结论 3：根据不同的内外部环境选择合适的战略，及时地进行战略转变会使关系风险向低位演化，其中适应战略到改造战略再到稳定战略是关系风险向低位演化的关键条件。战略选择失误又不能及时地进行战略转变会导致关系风险向高位演化。

统一框架下，合作任务复杂度和合作双方差异度对关系风险的演化影响更加复杂化了，但与单一因素并不矛盾。其他的因素与单一因素分析的结果完全一致。

第三节　本章小结

生物演化理论向来是经济学家所惯用的方法,因为经济研究人员相信经济现象从根本上来说是一种类似于生物进化的形式,它总是伴随着优胜劣汰、适者生存的道理,也总是沿循着种瓜得瓜、种豆得豆的遗传法则。因此,在研究关系风险时,也希望以动态的、演化的方法来看待关系风险的发展和变迁。

通过对案例的研究分析以及理论知识的考量,发现关系风险的演化存在着两种路径:高位演化及低位演化。高位演化是指当企业跨国联盟遭遇关系风险时,联盟的伙伴双方没能很好地对这一风险做出反应,未对规则、机制、习惯等进行调整,从而造成联盟关系风险恶化,并最终可能导致联盟关系的破裂,也就是说联盟的失败。相反,在低位演化中,联盟的伙伴双方能够很好地识别关系风险产生的原因,并对这一风险可能导致的未来的影响做出较为准确的预测。通过联盟伙伴双方的努力和调整,最终实现联盟关系正常化、友好化,从而也就缓和了关系风险及其影响。合作伙伴差异度、合作任务复杂度、合作伙伴公平度等因素是联盟关系风险演化的因素。从单个因素看,正确地选择战略、及时地变换战略、抑制机会主义行为、使合作伙伴差异度低、任务复杂度小、公平度高,是关系风险低位演化的条件,反之则是关系风险向高位演化的条件。

在成本—收益框架下统一分析了五个因素,借助承受曲线研究了关系风险动态演化机制,得出:(1)当承受曲线之内的点向承受曲线移动时,关系风险向低位演化。(2)合作伙伴公平度上升,关系风险向低位演化;合作伙伴公平度下降,关系风险向高位演化。(3)根据不同的内外部环境选择合适的战略、及时地进行战略转变会使关系风险向低位演化,其中适应战略到改造战略再到稳定战略是关系风险向低位演化的关键条件。

至此的研究主要是使用理论分析的方法,如果没有数据和实证分析会使得结论缺乏可靠性,以下部分的研究主要是补充这方面的不足。

第四章

浙江企业跨国联盟关系风险实证研究

第一节　企业跨国联盟关系风险影响因子

　　本章将从联盟关系风险的界定出发,并在参考国内外专家学者对企业跨国联盟关系风险的评价指标体系的基础上,对伙伴的机会主义行为的决定因素做一个综合的研究。通过上文的分析可以总结出这些决定因素的三个类别:关系类、经济类和时间性的,其中关系类决定因素包括文化差异度、成员目标的相容性、关系嵌入度、领域一致性、理解缺乏和受胁迫程度;经济类的机会主义决定因素包括结构嵌入度、股权参与量、非对称联盟专用性投资、共同利益、分配的不公平、学习竞赛、相互抵押物;时间性因素包括:联盟存期、来自快速产出的压力、联盟管理经验、未来阴影(如图 4-1 所示)。

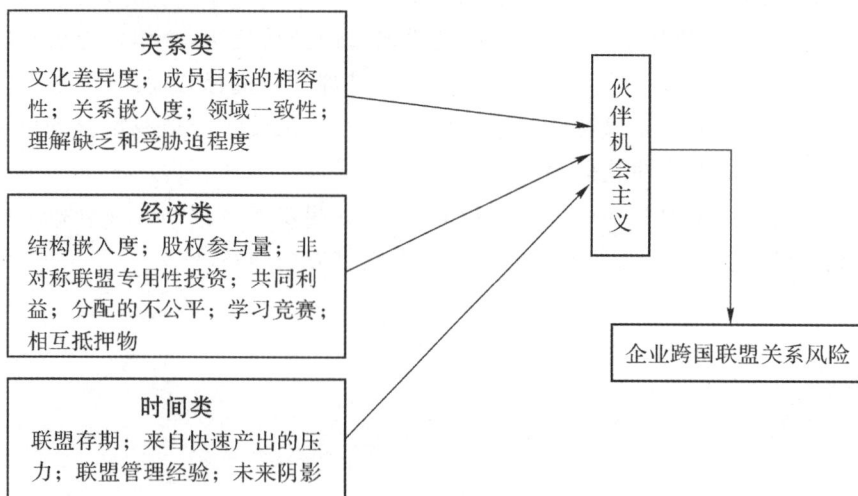

关系类
文化差异度；成员目标的相容性；关系嵌入度；领域一致性；理解缺乏和受胁迫程度

经济类
结构嵌入度；股权参与量；非对称联盟专用性投资；共同利益；分配的不公平；学习竞赛；相互抵押物

时间类
联盟存期；来自快速产出的压力；联盟管理经验；未来阴影

伙伴机会主义

企业跨国联盟关系风险

图 4-1　跨国联盟影响因子分析图

综合已有的研究,注意到合作伙伴之间对对方的印象将会影响到伙伴的机会主义态度,而机会主义态度将会导致机会主义行为。关系类的决定因素通过三种路径影响伙伴机会主义:第一,如果联盟公司之间的关系很弱,则伙伴公司对联盟中其他公司的幸福感是不关心的,所以机会主义伙伴对自己的机会主义行为给合作另一方带来的影响是不会有愧疚感的。第二,当伙伴公司在一定程度上感觉到来自合作另一方的胁迫时,伙伴公司很可能会考虑给以反击。当伙伴之间的和谐的氛围被破坏之后,机会主义行为也就随之而来。第三,公司之间的关系不紧密会导致互相之间的误解,因此较易引起伙伴的机会主义。

一、关系类影响因子

(一)关系嵌入度

关系嵌入会减少因缺乏和谐(协调)而导致的伙伴潜在机会主义(Rowley, Behrens and Krackhardt,2000)。嵌入性的概念最早由经济史学家卡尔·波拉尼(1944)提出,他认为"人类经济嵌入并缠结于经济与非经济的制度之中"。而Granovetter(1985)则发展了波拉尼的观点。Granovetter 将交易成本理论和网络理论有机地结合起来,形成了一套有效的网络治理机制。嵌入性是指经济活动和产出的多边行动关系和整个交易网络关系的结构影响的事实(Granovetter,1985)。企业间的跨国联盟是一种特殊类型的企业网络。通过与竞争对手进行合作能提高企业经营绩效、增强企业的竞争力、提高其竞争优势已经成了不争的事实。对跨国联盟的研究已经证明,通过跨国联盟,企业更能够方便、快捷地接近并且获得自身所需要的各种资源和信息,这极大地促进了企业业绩的提高(Gulati,1998)。从网络的角度出发,行动者(企业)并非是"原子式地"在完全自由与竞争的市场环境中活动,而是彼此之间相互联结、相互影响的。Granovetter(1985)指出,网络的嵌入性可以区分成两大类:一类属于关系嵌入(relational embeddedness);另一类则属于结构嵌入(structural embeddedness)(本书将在经济类因素中讨论结构嵌入)。关系嵌入又称关系力或关系凝聚力观点,是基于互惠预期而发生的二元关系结构,其认为行动者可以直接通过网络中结点间的相互联系纽带来获取信息收益。

Granovetter 还从互动的频率、感情强度、亲密程度和互惠交换四个维度将关系类型进一步划分为强关系和弱关系两类。

弱关系是一座桥梁,它提供了两点之间的通道。弱关系的重要意义在于创

浙商研究

造了局部桥梁。如果将单个联盟看成是网络中的"簇",那么弱关系就是联结不同"簇"的桥梁。正是通过弱关系,才形成一张大的社会网络。因为弱关系能将两个联盟"簇"中所有的联盟成员联系在一起,对每个联盟成员来说,获得信息的通道迅速增大。网络具有传播信息的功能,具有网络最佳结构的博弈方,往往能抓住这种机会,获得较高的回报。研究发现,跨国公司的网络资源越多,公司在接下来的几年中进入新联盟的可能性就越大,公司形成联盟的能力也越大。跨国公司跨国联盟本身就构成了一个网络状的中间组织,这种网络状的中间组织信息交流的程度越大,形成信息优势的可能性就越大,联盟成功的可能性也就越大。而联盟中的网络由联盟伙伴公司的内部网络与外部网络构成。内部网络与外部网络的结点越多,获取信息的能力就越强,获得信息的速度也越快,联盟伙伴之间通过网络资源合作竞争的可能性就越大,联盟伴随的关系风险也越低。网络就是一种筛选机制,它使人接受特定信息,忽略冗余信息。而对于每个博弈者来说,世界的信息相对来说是无限的。网络建立的基础是信任,信任的建立是多次重复博弈的结果,是长期合作的基础,是以惩罚作为约束机制的。"不信任"就有不确定性的风险,所以与那些不知道其声誉如何的人交往得更加小心。

强关系观点认为,行动者之间的社会关系越是紧密,他们之间的行动就越是默契,进而影响到他们的战略行动。这将有利于行动者之间的学习和模仿,提高相互间的信任程度,减少不确定性所造成的风险。另外,强关系能够作为某种社会控制机制,起到治理和规范联盟行动者行为的作用。企业进入跨国联盟是为了获取所需要的各种外部互补性资源、实现风险和成本的分担,然而,进入组织间联盟,企业同样会遭到潜在机会主义的威胁而面临高的联盟关系风险,因为企业间合作并不具有像层级组织和市场那样的强行治理机制,而且企业间的契约也不是完备的。Larson(1992)指出,强关系是一种信任、互惠、长期的观点,能够抑制行动者的短视行为,起到维系合作、实现共同获利的作用,因为信任可以说是嵌入性的基本逻辑,因此强关系对信任具有强化作用。综上分析,作者认为关系嵌入度的增加将会减少伙伴机会主义行为,进而使联盟关系风险保持在一个很低的水平。大多数的研究发现、资源互补、相互依赖导致成员之间运用无胁迫(non-coercive)策略(Gundlach and Cadotte,1994)和以一种可预知的方式和对方交流(Mastenbroek,1999)。Yan 和 Gray(1994)在对中美合资企业的研究中发现,加强相互依赖伴随着的是更少的机会主义行为(更低的关系风险)。

(二)文化差异度

联盟公司之间的文化差异是很常见的现象。虽然很多关于文化差异的研究都是集中在讨论跨国合资之间的文化差异(Johnson, Cullen, and Sakano, 1996),但来自同一个国家的企业也存在显著的组织文化的差异。不管这种差异是来自国家级别的或者是组织级别的,文化差异总是会在联盟中产生关系类的问题。文化不同的公司看伙伴战略行为的视角是不同的,因为不同文化对同种战略行为的理解和反应的方式存在差异,因此,误解伙伴行为的概率很高。微观水平的文化差异(企业文化)会造成管理者间的价值标准不一样,因而大的微观文化差异容易造成误解与摩擦冲突,导致合作协调的困难加大,增加跨国联盟的关系风险。不同国家的文化差异将导致各方的处事方式不同,而带来相应的不必要的误解。由于联盟伙伴各自具有很大的独立性与自主性,它们在企业文化管理方式上存在明显的区别。这种特点很容易使联盟产生领导权限不清、分工不明、决策迟缓等问题,并威胁联盟双方合作的进行。如 Brown 等人(1989)研究发现,日本人认为西方人的直率是极其粗鲁的,且可能是种欺骗性的伪装。而西方人则认为日本人无法直入主题的方式显得很狡诈,并认为日本人谈判的策略是不光明磊落的。在对跨国合资进行研究中,Johnson 等人(1996)认为,由于跨文化的交往中经常充满了误解而使得本意被错误地传达,这就容易导致机会主义倾向。因而,基于文化差异而设计合理的治理结构能使合作各方的责权利相对称,可有效抑制联盟伙伴的各种机会主义行为,增强联盟伙伴间的相互信任,减少联盟运行中的关系风险。

从合作另一方的视角看,文化差异导致伙伴公司机会主义行为的原因有几个:(1)伙伴公司可能会将合作另一方的行为误解为是种威胁而采取机会主义行为。Brouthers 和 Wilkinson(1995)指出不同的文化拒绝一件事情的方式差异很大,且其给定的时间框架、可选择的方式各异。认识到这些文化差异的公司经理将不会误解伙伴公司的行为信号,从而在他们之间的联盟成功率比较高。因文化价值和理解机制的不同而导致的误解会阻碍交流和公司之间关系的生疏,有可能会引致伙伴公司的机会主义行为。(2)文化差异的结果是导致合作伙伴在处理联盟关系时以自我为中心,产生母国中心的态度。对具有相同的文化背景的公司行为的理解是比较容易的,而对具有不同文化背景的公司的行为则显出多余的担心。Ghoshal 和 Moran(1996)也指出对一个经济实体正面的感觉将会减少机会主义,而负面的感觉将相反。总之,文化差异度的增加将会导致更大的伙伴间潜在的机会主义,带来高的关系风险。

(三)成员目标的相容性

企业的任何行动都来源于利益驱动。在企业跨国联盟中,一方面成员企业为了追求共同利益的最大化,结成利益共同体;另一方面它们又为了追求自身利益最大化,所以当在合作过程中出现联盟成员目标不相容时,则可能出现利己化行为。目标的不相容是指一方的追求会阻碍另一方的追求。这与目标的不一致性是不同的概念,目标的不一致性是指联盟成员有不同的目标,但他们的目标之间并不存在冲突。虽然共同的利益经常会将潜在的合作伙伴结合到一起组成联盟,但是他们的目标有的时候是不相容的。

当成员之间的目标不相容(aligned)时,出于追求私利的动机将会出现欺骗行为。当成员之间的目标相容时,每个成员在追求私利的过程中可避免损害其他人的利益。在这种情况下,同时追求私利就成为可能。但是,当成员之间的目标不相容时,成员为追求自身的目标可能会选择不合作。Brouthers(1995)指出联盟成立的前提之一是联盟中成员的目标必须是相容的,而不是相互竞争的。如果联盟成员的目标是相互竞争的,将会达不到预期的目的从而导致联盟的失败。因此,当目标不相容时,合作的另一方极有可能预感伙伴公司的行为是机会主义的;伙伴公司在追求私利的过程中可能会使合作另一方的利益受损。机会主义行为会给伙伴公司带来风险损失,因为合作另一方的目标不会给伙伴公司带来任何收益,因而联盟成员之间的关系将会变得很紧张,相互之间的关系连接将变得更弱。伙伴公司对机会主义行为的顾忌将会增加。因此当目标不相容时,冲突就孕育而生,其最终的结果是冲突侵蚀信任,增加伙伴的潜在机会主义行为,减少伙伴向联盟中投入必需的特定资产的动力(Cullen et al.,1995)。目标的不合也可能导致关系的不愉快,破坏合作精神。

(四)领域一致性

在潜在的联盟成员之间进行谈判之前,各自对于联盟治理结构、目标、联盟运行方式的理解都是不同的,因此,领域一致意味着在谈判过程中,通过双方的讨价还价,合作意向等信息不断披露,随着谈判的进行,谈判方会就联盟成员的个数、联盟规模、股权投入规模以及联盟中各方所占比例等达成一致。潜在的合作者之间不仅要在思维和策略上达成一致,也要在文化和伦理上达成一致(Doz et al.,2000)。对于已有合作历史的联盟双方来说,领域一致性更加容易形成,Anthony Goerzen(2007)近来在关于跨组织联盟网络成长的研究中发现,企业常常与先前的合作者保持重复合作的关系。从网络的视角看,企业是有动力通过网络中非冗余的节点增加与组织网络的联系,从而提高竞争实力。因为企业与先前的合作者之间已建立过信任,所以与先前的合作者重新组成联盟可以减少交易成本(Dyer and Chu,200);而从路径依赖和社会学的视角来看,高水平的熟悉度、信任、相互理解使得联盟的管理和运行较为顺利。对于先前已存在合作关系的伙伴,它们之间对对方的需求、能力是比较了解的。先前已存在合作关系的伙伴可以减少伙伴的搜寻成本。搜寻一个合适的伙伴是项耗时耗费的事情,之前的合作关系能为伙伴的可靠性和适合性提供重要的信息(Dyer and Chu,2003),这些信息包括伙伴的管理系统、处事方式等。另外,与熟悉的实体(企业)打交道,逆向选择的可能性将降低。最后,与先前的伙伴已建立起来的信任,节约了大量的时间和资金,因为详细的合同的订立是耗时耗费的。重复合作可以减少新联盟中一些预防机会主义条款的必要性,增加合作的效率。重复合作带来了因信任的存在而带来的成本的减少(Gulati,1995a)。因此,已有的联系(节点)对选择潜在合作伙伴时是具有清晰而持久的影响的(Gulati,1995a,1995b;Walker et al.,1997)。领域一致可以促进文化的融合和联盟共同目标的形成,这将有效地减少潜在的伙伴机会主义。

(五)联盟双方地位的平等性

虽然跨国联盟的存期因联盟目标、联盟性质、产品的生产周期等诸多因素的不同而有所区别,但多数跨国联盟都倾向于较长时间的合作,而要维持合作关系尤其是长期的合作关系,联盟双方的平等关系是最基本的条件。如果出现联盟双方的地位不平等,特别是一方胁迫另一方联盟等不平等关系,就会使联盟建立在一个非常不牢靠的基础之上,联盟伙伴机会主义行为的可能性会增大,随之而来的关系风险较难控制。胁迫在非对称的联盟中比较常见,在非对称联盟中,实力较弱方为了进入一个新市场或者是为了获得某项新技术而与大公司结成联盟,而一般来说,拥有更多讨价还价(议价)能力的公司将会获得相对多的关系租金。因为实力强大的合作伙伴对合作契约条款的控制力很大。而小公司为了获得大公司的信任资源的投资与特定关系资产,这对于资金实力不强的小公司来说,降低了它们的策略的灵活性(Homin Chena and Tain-Jy Chen,2002)。因而当实力较弱公司感觉到来自伙伴公司的胁迫时,弱势方将会预知其伙伴可能会有机会主义行为(John,1984)。然而,真正树立联盟双方平等关系并非一件易事。因为,联盟企业之间的实力差异、利益冲突、渠道权利的动态变化始终存在,这些都会给合作企业保持平等关系带来极大的冲击。因此,联盟双方平等关系的建立仅仅是一个相对静止的概念。这个概念仅仅提醒有着良好愿望的联盟企业在寻找合作伙伴时,要力求合作企业的地位与实力相当、合作资源投入对等、合作利益均衡,双方自主自愿,以奠定一个良好的合作基础。

二、经济类影响因子

在现存的文献中机会主义经济方面的决定因素是被讨论得最为广泛的,但却是局限于交易成本经济学中(Williamson,1975,1979,1993)。学者认为联盟伙伴的机会主义行为主要是出于经济方面的考虑(Klein,1996)。联盟伙伴主要是出于获得经济利益的需要或者是为了转移经济成本。当这种需要很强烈时,联盟的伙伴可能会为了其自身经济利益的追求而伤害其合作另一方。潜在的经济收益越大,联盟伙伴机会主义行为的倾向越大。因而,任何机会主义行为都是出于一定的利益的(Williamson,1979)。这些因素的存在或者缺失会限制或者促进伙伴为追求其自身经济利益而冒险的机会主义行为。伙伴机会主义经济方面的决定因素包括:结构嵌入度、股权参与量、非对称联盟专用性投资、共同利益、分配的不公平、学习竞赛、相互抵押物等。

(一)结构嵌入度

联盟企业的机会主义行为的解决在一定程度上并非出于某一方面的原因,而是各种因素共同作用的结果,而且,要完全解决也是非现实的。从关系型契约看,它更偏重于在网络组织中通过非正式的社会关系的一种双边治理,而不是在企业内部通过官僚层机制和正式契约关系进行治理。这已经越来越多地应用到很多联盟企业的治理中,去协调在不确定性和竞争性日益增强的环境中的产品或服务的生产,通过企业间的适应、协调,达到防范机会主义行为的目的。Jones等(1997)认为交易费用经济学和社会网络治理理论的有机结合能解决网络治理的机制决定问题。Jones等通过提出"结构性嵌入"概念,把交易费用理论和社会网络理论有机结合,形成了一套有效的治理机制,这种结构性嵌入对于防范机会主义行为,协调企业间的关系或行为具有一定的有效性。结构嵌入使互动双方各自成为更大结构中的部分。学者研究认为,一个有效率的、有影响力的组织间关系带来的潜在的经济收益是很大的。如果将企业置于网络中则可以得到单个企业所无法获得的信息,并且获得这些信息的时间会比单个企业早,缩短了企业搜寻市场信号的时间。根据网络密度(也称为网络的可达成性)的不同,可以将网络分为高密度网络和低密度网络两类。对于高密度网络,Coleman 从社会资本的角度予以了关注。他认为(Coleman,1988),网络的密度代表了网络中社会资本存量的大小,网络密度越高说明网络中的社会资本存量越大,也就是说行动者间保持了很大的社会资本量,因此将有助于行动者间信任机制的形成和协作关系的维系。Oliver(1991)就曾认为,嵌入于紧密联结的网络中的企业成员更容易拥有共同的行为预期,因此,有利于网络中行为规范的形成和实施。Coleman(1988)认为高密度网络意味着行动者个体的行为会受制于群体的某些限制,对于合作行为的实现有着重要的意义。与强关系类似,高密度网络也能起到治理行动者行为的目的,而且这种治理也可以认为是建立在信任基础之上的。但是,需要指出的是,这里的信任与通过强关系而形成的信任是不同的。强关系形成的信任是一种个体与个体间形成的二元关系信任(dyadic level trust);在高密度网络中,行动者通过网络的相互联结而建立的信任是一种网络层次上的系统信任(system level trust)——认为系统会按照预期的设计实现其功能,认为网络成员的行为会受到整体网络的限制,网络具有监视和裁决机会主义行为的功能,因此有助于合作机制的维系。从网络视角看,如果不同公司之间的资源、能力是有差异的,则连接这些公司将促进多样性以及与技术、组织经验、市场趋势相关的非冗余知识的整合。通过这些网络节点的作用,公司之间的优势得到互补。拥有非冗余的节点越多的公司,其相对的收益将会越大(Granovetter,1973)。luo(2002)研究发现在与中国公司合资的过程中社会嵌入的重要性。当机会主义行为通过激励机制得以控制时,内在的互惠性通过社会规范得以产生,跨国合资的收益分配是可以达到最大化的。

结构嵌入通过对机会主义行为的防范主要是通过以下五点来实现。

1. 限制性进入

限制性进入是对网络组织中交易伙伴数量的限制,它通过地位最大化和关系契约来实现。国外的实证研究表明,某一优势企业在和其他企业的交往中往往会避开和地位低下的企业进行交易,从而通过地位最大化可以实现限制进入,其结果是交易在具有相当地位的少数伙伴之间进行(Bolton,Malmrose 1994)。实际上,这里所讲的地位高低主要是指某一个企业的规模大小、效益高低、能力强弱、信誉、品牌等有形和无形资源。而关系性契约限制性进入是指一个交易者和更少的几个企业进行交易,从而形成网络中的限制性进入。由于交易伙伴的减少,需要监督的数量也减少,从而在对交易伙伴进行监督的过程中不仅能减少监督的成本,也降低了机会主义行为的可能性。而且,监督中加深了认识,形成更强更可靠的交易关系,打破了"囚徒困境",这无疑会减少双方机

浙商研究

会主义行为的可能。

2.文化

文化是网络组织成员企业间共同的价值观念、行为规范和期望的系统。这种文化会在各个独立企业间指导交易活动,形成一种规范,成为企业间问题解决的一种方式。具体讲,它是从三个方面加强企业间的协调:一是通过社会化创造一致性预期;二是建立共同的"语言"去传递复杂信息;三是行为的潜规则在更广的范围内分享并特质化。

3.集体认可

集体认可指的是对那些违背共同规范的成员予以集体制裁,包括私下议论、公开传言、短期驱除、有意破坏等,它通过增加违约的成本减少任何一方的监督成本和提供识别和监督伙伴的激励来防范机会主义行为。

4.品牌和声誉

品牌和声誉是一种社会记忆,包括合作者的特征、技能、可靠性和其他与交易有关的属性。在不确定增强的情况下,品牌和声誉对交易合约很重要。随着环境不确定性的增加,交易各方更加关注自己和交易对手的信息。在网络组织中,品牌和声誉可以为企业提供关于其他成员可靠性和友善程度的信息,从而减少信息搜寻费用。品牌和声誉之所以可以保护交易,因为良好的记录和成功的表现是深入合作的基础,它可以有助于发现欺骗性行为,从而促进合作。事实上,在网络中品牌和声誉对企业决定是否重复以前的交易也很重要。所以,在嵌入性结构中,品牌和声誉可以促进定制化交易。同时,品牌和声誉也是一项重要的无形资产,可以带来未来潜在收入。如果企业采取了机会主义,就会失去这些潜在收入。因此,品牌和声誉对于重复性交易合约的运行具有重要的保证作用。

5.结构嵌入中信任的自增强机制

在结构嵌入中信任是由于对惩罚的预期而出现的,这可称之为信任的自增强机制。所谓信任的自增强机制是指随着双方对社会进行惩罚的预期而增加。信任基于这样的预期:一个人将会做出自己所预期的而不是担心的事情(Deutsch,1973)。信任可以是私下博弈的产物。私下博弈就是指没有第三方介入的博弈。在这种博弈中,信任是过去博弈历史的函数。一个人之所以相信另一个人,是因为他在过去的交往中表现得值得信任。当然这个过程是渐进的。信任是历史地产生的。背叛的人如果会在未来受到惩罚,那么他们就会在现在采取合作态度。这是长期重复博弈的结果。信任也可以是公共博弈的产物。公共博弈是指有第三方参与的博弈。这时,博弈双方不仅要向对方展示自己的行为,而且还要向第三者展示自己的行为。第三者之所以出现是因为与要发生交换的对方没有直接联系,这个人很信任第三者,而第三者与他有着强关系,很信任他,那么,根据平衡理论,人们对他也会信任。

(二)股权参与量

一般来说,联盟治理结构的安排或者为股权参与,或者为非股权参与。股权参与式跨国联盟一般认为是知识转移、获取东道国市场的沃土。很多公司进入跨国联盟的动机之一就是获取其他合作伙伴所在国的消费市场或者是先进的知识和技术。从这种意义上说,股权参与式跨国联盟使公司暴露在很高的关系(合作)风险之下。特别是一个公司越难保护它的有价值的资源的时候,建立股权式跨国联盟就会产生越大的合作风险。股权式联盟在减少机会主义行为带来的关系风险方面被认为是优于非股权式联盟的,因为股权式联盟能加强对联盟伙伴的监督控制,有利于中方企业通过股权联盟来增长国际经营的经验,同时股权式联盟中伙伴的退出的时间跨度长、手续麻烦(Das and Teng,1996;Gulati,1995)。当联盟公司双方的股权相同时,联盟一方是不会通过利用(开发)合作另一方的联盟专用性投资来破坏联盟关系的。同理,若两个公司之间对对方在联盟中共享的股权心里有数时,他们将会比较容易接受非对称的资源共享度。如达能与娃哈哈之战中,因达能控制了其与娃哈哈集团合资项目中51%之多的股份,从而向娃哈哈集团提出强行并购方案。

股权一般是以有形资产或者无形资产的形式来表示的。投资在联盟中的股权在联盟运行的过程中随着时间的推移会产生不可预知性,导致这些投资不能被迅速地撤出。实际上,伙伴公司要想从联盟中撤资需要合作另一方的配合。坦白地说,若合伙公司有机会主义行为,其想在撤资过程中寻求合作另一方的配合是不大可能的。因此,在合资中,机会主义行为会给其主体在恢复其股权时带来困难。伙伴机会主义导致的被锁定的股权价值的损失提高了想通过机会主义获得收益的可能性。

(三)非对称联盟专用性投资

在联盟中,成员经常需要出于联盟发展的需要而添置或投入一些有用的、有价值的设备资产和技术。投资于联盟专用性资产的目的是为了在联盟的运作过程中获得更高的效益。但是,作为一种不可预期的结果,投资联盟专用性资产后,合作另一方就得依赖于伙伴之间的合作。在这一过程中,联盟成员的诚信成为联盟能成功的前提和基础。联盟伙伴之间只有相互信任、相互合作才能提高联盟的效率。而且,诚信能加强伙伴间的信息交流,减少联盟中的机会主义行为,降低联盟关系风险。但是,联盟伙伴间的诚信并不是毫无保留地将自身的知识与核心知识完全暴露给伙伴。国外的许多学者对跨国联盟提出了批评意见,他们认为联盟可能给竞争对手提供了获取新技术以低代价进入市场的机会,这样一来,联盟有可能使自身的核心知识和能力为竞争对手所获取,从而使自身失去优势。因而,在联盟的管理过程中要确定恰当的合作范围,对所投入的专用性资产与核心知识要予以保护,以免核心能力流失。若合作伙伴对对方的依赖度很低,则伙伴犯机会主义的概率可能会很高,因为对于依靠自身的能力转移到其他供应商或者提供重要的服务,与依赖合作另一方相比,前者对机会主义行为方来说显得更加容易(Provan and Skinner,1989)。实际资源贡献度的非对称性会影响贡献度中预知的非对称性。实际上,让某一方有贡献度超过对方的预感是不利的或者说是不合适的,因为这将会使其产生对机会主义的担心(Ross et al.,1997)。

一般来说,当合作的另一方投资于联盟专用性资产后,其利益就很容易受到伙伴机会主义行为的侵害。这是因为这将给机会主义有足够的范围来私用(盗用)因这类投资而产生的准租(quasi-rents)。在专用性投资执行后,这种准租便随之而生,机会主义行为就由可能性变成为现实(Klein et al.,1978)。如果机会主义的合作伙伴打算离开联盟,则合作的另一方可能损失资产中的联盟专用性价值。因此,只要放弃联盟所带来的损失大于伙伴机会主义行为而引致的损失,合作的另一方将选择继续成为联盟中的一员。而机会主义行为方则会尽力地将确保足够公平的报酬给予合作的另一方,以使自己从被绑定的专用性资产中撤资。

如果合作的另一方认为在联盟中的贡献已经超过合作伙伴,则它将会更大程度地预感到伙伴潜在的机会主义,特别是如果合作的另一方恰好是小公司或者是创业型公司(Das and He,2006)。但当合作的另一方对过度的关注或想象其在技术和知识转移中长期缺乏股权时,其对伙伴机会主义行为的担心会加剧(Gould et al.,1999)。应用同样的逻辑,当伙伴公司认为其投入联盟的资源多于合作的另一方时,它也会担心合作的另一方可能的机会主义行为。同样的,这种担心会加大伙伴公司潜在机会主义行为执行的可能性。换句话说,对合作的另一方机会主义行为的担心将会增加伙伴公司潜在的机会主义行为。合作的另一方应该理解这种逻辑,并认识到在这种非对称投资中双方的互相猜忌是不可避免的。因此,非对称性会内在地增加伙伴潜在的机会主义行为。

(四)共同利益

博弈论中多方合作对策的提出是建立在处理利益分配问题的基础上的。当一个问题或一件事情需要多方合作来共同解决时,就有可能导致各方相互合作,以期望达到多赢及利益最大化,即帕累托最优。联盟就是将合作与竞争(co-opetition)(Das,2002)这两个对立概念进行整合从而实现共同利益最大化的有效选择。跨国联盟是参与企业根据各自已有资源的异质性,本着互惠互利的原则,结合资源的互补性,追求共同利益的行为。跨国联盟失败最根本的原因之一是成员企业间的共同利益难以得到长期保证,因为有些企业加入联盟的真正目的并不在于联盟成功给它们带来的共同利益,它们加盟的目的在于借助联盟的技术优势去研究开发其他项目,联盟会由于某些成员的短期行为导致失败。联盟内部存在着诸多的矛盾,如联盟的共同利益与成员的自身利益:一方面,联盟各方都有自己的发展战略,合作又是为了实现各自与联合体的战略目标。一般来说,企业加入联盟都不是短期行为,而是从战略的高度出发,是为了长期占领、开发某个市场和保持核心竞争优势。因而,各联盟成员是为了追求共同利益的极大化,通过谈判签订能增加共同利益的合同而联盟,从而形成利益共同体的协同关系的。而另一方面,各联盟成员又会为了追求自身利益的最大化而相互竞争。联盟成员企业的个人利益和联盟的共同利益之间的关系呈倒金字塔形,即成员企业往往错误地将其短期收益看得高于企业未来的竞争优势,因而会造成联盟基础的不稳定。企业经营的根本目的在于使企业利润最大化,保证股东的投资回报;而联盟的宗旨是取长补短、发挥协同效应。由于联盟双方的增值结构总是不对称的,联盟双方的收益结构有一部分是共享的,其他部分则是独立的。共享收益可能与独立收益之间存在着此消彼长的关系。同时,由于联盟内部保证成员企业的共同利益的学习机制、内部相互信任机制的缺乏和不完善、跨国联盟结构的选择失误,双方便有牺牲共同利益而让独立部分最大化的动机,从而造成联盟双方关系的紧张,导致联盟失败。

(五)分配的不公平

伙伴经常认为联盟收益的分配对其不公平。依据公平理论(Adams,1963),当伙伴感觉其所得不公平时,其便会求助于一种公平的预想,经常有这种想法后,会使其通过机会主义的行为得以实现。当然,这里考虑的不公平的形式是公司处于欠补偿状态。处于超补偿状态的公司是没有机会主义行为的动力的。只有当公司认为自己处于欠补偿状态时,其才会求助于不合作的方法以使分配协定变得"公平"。Ouchi(1980)强调合作和知识共享的必要条件是公平的分配机制。公平指的是一个参与方与联盟收入相称的赢利,即联盟收入越多参与方的赢利就越多。因此,公平的需要对参与方之间的关系产生了重大影响。依据公平的动机理论,如果有些参与方相信它们的付出收益比不同于其他的参与方时,就会有不平等的感觉。当它们感觉到低于收益或高于收益时,就存在通过改变它们的付出或收益去恢复平等的意识。因此,如果有的参与方有不平等的感觉,就可能造成关系风险。联盟中引起利益冲突的原因可以归纳为如目标的差异、所投入联盟中的资源类型、战略意图和目标、加入联盟的动机、行为策略不同等。而在联盟过程中由于伙伴的选择、知识和技术的共享与外泄的冲突、合作各方的贡献评价与收益分配不合理、合作伙伴管理机制的制约、缺乏有效的沟通和相互信任、企业文化的相容性等原因,使得联盟中的关系风险发生的概率加大。

当伙伴公司感觉到联盟收益的分配不公平时,便会以机会主义行为作为反应以寻求公平。联盟公司双方对联盟绩效的贡献度其实是很难精确的划分的,因此根据贡献度来分配收益显得很困难。模糊地衡量各自在联盟中的表现将使得分配不公平的问题更加复杂化,伙伴对不公平的感知越强烈,其潜在机会主义行为发生的可能就越大。

（六）学习竞赛

对于企业跨国联盟而言,在资源转移过程中最为关键的是技术性知识。知识转移和学习效用影响联盟结构的选择。理由是知识的获得和知识保护都是非常重要的。因此,为了保持企业自身的核心竞争力而区分正当的学习和非正当的(机会主义的)学习是非常重要的,同时也是一个很大的挑战(Das and Kumar,2007)。学习中包含了联盟内部的学习和外部的学习,联盟伙伴不同目的的学习对联盟关系风险的影响不同,学习与联盟关系的风险结构如图 4-2 所示。由于正当的知识转移和知识学习对与研发类联盟的成功至关重要,因而对于研发类联盟来说,联合研发活动得有效进行非常需要强有力的治理结构。当企业进行联合研发时,一定程度的共同知识和进程是先决条件,因此,联合研发需要成员之间在研发活动中应保持一定程度的接触,这是因为直接的接触和面对面的交流有利于知识的转移和学习(Athanassiou and Nigh,2000)。很明显,给予公平治理结构的联盟有利于知识的转移和学习。从这个角度出发,合资则被认为是联盟形式中最有效的知识转移和学习形式(Kogut,1988)。实证研究表明,整合得比较成功的联盟形式(合资)可以更好地促进知识转移和学习

(Mellewigt and Das，2007)。

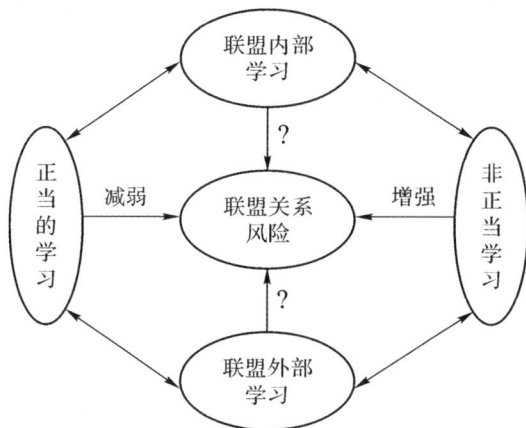

图 4-2　学习与联盟关系风险的关系

此外,如果知识的获取是在未获得伙伴同意的情况下进行的,则可被认为是一种机会主义行为。非正当的知识转移对联盟成员是一项很大的威胁。联盟中的企业一般有通过学习竞赛超越对方的倾向,这种行为将导致企业专属性资产的损失(Bleeke,Ernst,1995)。若联盟成员是潜在的竞争对手,则非正当学习发生的可能性很大(Dussauge et al.,2000),联盟将面临高的关系风险。此时,伙伴必须用一系列的控制机制来制止机会主义的学习和保护它们自身的知识资产(Das,2005；Inkpen,1998)。一个最重要的控制机制便是股权(Baughn et al.,1997)。共同股权使联盟成员的利益保持一致,联盟成员的利己行为会受到抑制。另外,共同股权还可作为一项相互抵押品来惩罚伙伴的机会主义行为,进而降低关系风险。

(七)相互抵押物

相互抵押品不仅使得成员要对联盟有先期的投资,而且出于对后续的投资以及投资进展情况的关心会减少成员的机会主义行为(Williamson,1975)。联盟伙伴成员之间用相互抵押物的想法并非一种新的表示可信的贡献和制止伙伴机会主义的方法。共同抵押物可作为一种担保来防止背叛(Williamson,1983)。联盟的公司之间可以通过交换其关键的资源来形成相互抵押。可以用作抵押品(如股权、诀窍、人力资源)的资源类型、数量或者价值可在合同条款中给予明确说明。Hwang 和 Burgers(1997)主张以相互的承诺来增强合作的稳健性和减少背叛的吸引力。

浙商研究

　　显然,相互抵押物阻碍了伙伴的机会主义,就算合作另一方进行联盟专用性投资,同时也会减少资源贡献中的非对称预期,因为可信的贡献是联盟的公司双方共同建立起来的。最后,相互抵押物将会不自然地减少机会主义者的私人利益水平,因为这将会拿自己的抵押品冒风险。结果是产生较低的私人利益/公共利益比以有效地减少伙伴潜在的机会主义。

三、时间类影响因子

　　第三个因素和时间维度相关。联盟会因其计划的生存周期(存期)不同而不同。短的存期会引出不同的伙伴机会主义行为,相对比于长的存期,伙伴公司和合作另一方之间相处的时间相对较长,机会主义的成本比短存期的大。强压力能激发伙伴公司有非常规的行为。例如,要求在很短的时间内出成果的压力可能会使得伙伴公司过分地担心以至于借助消极的方法(如机会主义的行为)来完成。伙伴机会主义中时间性因素的概念是最近一段时间由 Das 提出的(2006)。在划分时间类因素时,本书认为应该小心地排除那些只包含时间因素,或者表面看起来是时间性的,但实际上其内在的属性是经济性的因素。时间性的决定因素分为联盟存期、来自快速产出的压力、联盟管理经验、未来阴影。

(一)联盟存期

　　跨国联盟一般都具有暂时性的特征。虽然一些合资企业已经有几十年的历史了,但是在联盟成立时,成员最初的意向都是订立一个具有时效性的协议,而不是订立一个永久性的协议。虽然在联盟成立的过程中对潜在的联盟解散的日期会有所安排,但是有些联盟的终止日期却是比较难定的。联盟存期指的是联盟预期的存期,或者是从联盟的成立到解体的预期的时间跨度。

　　机会主义行为导致的联盟关系风险是企业在跨国联盟组建过程中优先考虑的事情。有很多途径可以帮助企业实现这一目标:首先,应尽量规定很长的联盟存续期。联盟存期的时间跨度可以是短期、长期和无期限的。短的联盟存期可能滋生机会主义,而长的联盟存期可以制止这种欺骗行为。联盟存期通过多重方式影响伙伴的机会主义行为(Das,2004,2006):(1)联盟存期影响"未来阴影"的长度。长的"未来阴影"会使伙伴谨慎地考虑机会主义行为,因为伙伴对未来可能遇到的问题是无法进行估量的(Axelrod,1984;Heide and Miner,1992)。当合同规定的双方合作关系存续期很长时,联盟伙伴将会变得更有责任感来解决伙伴间的冲突,这就是所谓"未来阴影"的作用。(2)在联盟运作的过程中,并非所有的联盟收益都是可以公平地分配的。当联盟的情境很长时,双方有足够的时间来抹平暂时性的不公平。因此,一个长的联盟存期使伙伴相信明显的不公平在长期中是不存在的。在这种环境下,伙伴就不会因暂时性的分配不公平而求助于公平的行动。(3)在长的联盟存期中,成员双方倾向于相互间保持良好的关系。Ring 等人(1998)认为在组织间关系的发展过程中,社会心理将会独立地产生一种压力来维持这种关系。在长的联盟存期中,为克制机会主义行为,双方对联盟的贡献度会随着时间的推移而不断增加。

(二)来自快速产出的压力

从联盟的成立到联盟目标的实现是需要相当长时间的。Das 和 Teng (1999)认为联盟是项耗时间的工程,因为公司之间得学会流畅而有效率地工作。因此,在联盟成立之初,来自快速出结果的压力实际上可能对联盟作为一种有收益的投资起到破坏作用。但是,联盟公司的偏好是不同的,如有的公司急功近利,希望有个快速的产出;而其他公司则可能眼光放得比较长远,可能会倾向于以更多的投资与金融资产与合作伙伴建立长期的关系(Barkema and Vermeulen,1997)。对于联盟的投资计划,某些公司有很多追求快速产出的理由:(1)多数公司缺乏耐性与其他公司慢慢地发展关系、深入了解,它们仅仅将联盟当成是一项一次性的商业往来。(2)有些公司不愿意等待很长的时间来看到联盟绩效的产出结果,因其对伙伴或者是联盟缺乏必要的信任。(3)有些公司可能无法承受足够长的时间来等待最合适的联盟产出,因为在等待的过程中其大量的资源被锁定在联盟中。

来自快速产出的压力可能会使得伙伴诉诸消极的方法来从联盟中获利。机会主义行为的最明显的好处之一就在于其行动周期短、获益效果显著,虽然这是建立在透支长期收益的基础上的。公司的机会主义行为使其获得短期的、单向的收益(Brown et al. ,2000),结果是,这种行为可能侵蚀未来长期内原本属于联盟双方的收益。因为急功近利的结果会使得未来的收益大打折扣,机会主义行为的机会成本对这种公司来说是微不足道的,因此伙伴潜在的机会主义的概率相当高。

(三)合作历史(联盟管理经验)

当潜在的联盟成员进入建立联盟的谈判进程中后,它们面临的是调节价值创造与价值占有之间冲突的需要。正如前文所述,在联盟中这种冲突特别明显,因为每个成员都面临着伙伴机会主义行为的风险(Das,2005)。潜在的合作伙伴无良好的联盟合作的历史业绩所带来的不确定性使得联盟的形成更加困难,这种不确定性使得企业的管理者对其联盟目标的实现不抱大的希望。拥有丰富的联盟管理经验和资深管理者的企业在寻找潜在合作伙伴时就显得相对容易。资深的管理人员不但能事先估计到并解决好公司间的主要问题,而且他们的参与也向各自的公司发出了可以优先与对方公司合作的强烈信号。在经验较少的公司里,要让高层管理者仅凭自身的力量建立起目标、资源与战略、问题识别以及联盟的最终结果之间的重要关联不是一件容易的事情。而联盟最有价值的一项资源便是联盟成员的联盟管理经验,这些经验是一个企业在建立和管理联盟的过程中形成的(Hoang and Rothaermel,2005;Sampson,2007)。Simonin(1997)指出企业间最大区别在于其"合作诀窍",或者是管理联盟的能力。通过过去对联盟的管理经验,企业可以聚集有价值的联盟管理方面的经验(Hagedoorn and Duysters,2002)。Kale和Singh(2007)发现联盟为企业提供了很好的机会来发展企业能力。其他研究对企业跨国联盟的经验对新联盟管理的促进作用提供了实证上的支持(Anand and Khanna,2000)。Gulati(1999)指出企业的联盟经验越丰富,对该企业在未来成立新联盟就越有利。因此,就不难理解企业热衷于通过形成联盟来获取"合作诀窍"的做法。

当企业在联盟中发展"合作诀窍"时,对基于公平原则的管理结构的需要就会减少。而当公司间的信任不足时,基于公平原则的管理结构对于联盟成员利益的保护是很重要的(Gulati,1995)。信任指的是免除担心一个交易伙伴潜在机会主义行为的一种期望类型(Bradach and Eccles,1989)。信任在联盟中的作用是至关重要的,因为信任直接与联盟关系风险(不完善的合约和机会主义)相联系(Krishnan et al.,2006)。企业间的信任使得联盟成员相信对方的机会主义行为是不可能发生的(Das and Teng,1998),信任能有效地减少合约性的保护条款,从而减少交易成本(Dye and Chu,2003;Lui and Ngo,2004)。因此,当联盟成员之间的信任不足时,基于公平原则的管理结构是必要的(Das and Teng,1998)。共同股权有助于联盟成员之间的利益保持一致和制止诸如欺骗、偷懒等机会主义行为。对于联盟经验少的企业来说,需要这样的一种机制来为联盟成员之间的合作提供信心。当企业学会了如何在联盟中处理与伙伴之间的关系时,企业就会减少对股权安排的需求,而对一些无形的因素,如企业声誉或者是企业间的信任提出更高的要求。因此,联盟经验多的企业之间在进行合作时,对基于公平原则的治理结构的需求并不强烈(Gulati,1995)。

虽然基于公平原则的治理结构的制定既耗时又耗费,但是对于联盟经验少的企业来说,基于公平原则的治理结构作用很大。随着时间的推移,企业学会了如何与联盟伙伴相处后,富于灵活性的安排对企业将会更具有吸引力。企业的联盟经验越多,在联盟形成过程中对于基于公平原则的治理结构的需求就会越低,联盟关系风险就相对较低。有机复杂的管理观念能保证联盟体对外界环境的变化能及时地采取措施,使联盟体充满柔性,从而减少因联盟带来的路径依赖性成本问题,大大降低联盟的负效应;而刚性的管理使联盟的运行充满机械性,当外界环境发生变化时,联盟不能及时采取应对措施,使联盟体在竞争中处于被动地位。中国企业由于缺乏国际联盟的经验,而且,由于受计划经济影响而造成的政企不分、权责不明等弊病的存在,大大限制了其联盟成功的概率。中国的前代哲人在对事物观察的基础上提出了很多富有有机复杂观念的思想。孔子发出"逝者如斯夫"的感叹,而道家更是提倡阴阳互变相互作用的思想,无为而无不为的道家哲学正是这种观念的体现。中国当今的跨国经营管理者要吸纳传统哲学合理的、有益的内涵来武装自己的头脑,改变自己的观念,并将之运用到国际联盟的管理中去。

(四)预期未来收益的重要性

从根本上说,任何企业参与任何联盟都是带有各种获益的目的的,因此,从联盟中能够获得什么利益也影响着企业做出怎样的战略选择。而这主要可以考虑两个因素:一是从联盟获得的实际收益与预期收益相差有多大;二是预期的未来收益对于联盟参与者来说相对重要性如何。"囚徒困境"模型揭示了这样一个道理:即使联盟成员之间可以从合作中获益,它们也可能不愿去这样做,因为市场竞争中的信息和沟通的障碍阻碍了合作的实现。但是,导致上述"囚徒困境"的出现是有条件的,即背叛是占优势的战略。这一结论取决于这样一个假设:博弈只进行一次,或者最多也只是在短时间中进行。这意味着联盟的存期很短,如果这种博弈由同样的参与者重复进行博弈,一般认为联盟成员可能理性地选择合作的战略。再次相遇是导致合作的关键,因为这意味着今天的决策不仅决定着现时结果,而且对以后的选择也会产生积极影响。考虑到"未来阴影"(the shadow of the future,意指当下行动对他者未来行为的影响),对于追求自身利益的自私行为体来说,合作是一种理性的行为。从长远来说,机会主义的背叛行为是得不到回报的,因为参与者担心其现时的短期受益不利于实现其长期利益,特别是当长期收益超过短期收益时。因此,在控制机制的设计过程中要让联盟参与者形成一种"未来阴影"的观念,并且需要认识到现在的决策将影响到未来。

如果实际利益与想要获得的利益相近,那么企业就会做出继续留在联盟中与伙伴合作的决定;如果未来的收益重要性很大,则"囚徒困境"的问题就可能可以解决了。这就是"未来阴影"(Axelrod,1984)的涵义。在这里要强调的是，预期对于联盟参与者来说是非常重要的，因为企业的任何战略的制定都是为了获取竞争优势以求得经济租金。

中国企业经过市场竞争洗礼的时间不长，而一些政府行为也大大降低了市场的作用，这使得中国企业的分布成条块分割的局面。各部委、省市地区都有自己的企业。各省市地方政府为保护自己企业的利益而设置了各种地方保护主义壁垒，在向海外发展经营时也表现出这种短视的竞争。在争夺国外合作伙伴时，中国企业为了自身的短期利益往往会出现一些不合理的恶性竞争，通过降低自身资产的价值来谋求同国外企业跨国联盟，而不顾整个行业的长期发展与国家经济发展的需要，这种注重短期利益的观念影响了中国企业的发展与壮大。从长期利益来看，中国企业在与国外企业进行跨国联盟时，应本着双赢的思想进行合作，相互引见，谋求整体竞争力的提高。当其中一个公司与国外企业组成跨国联盟后，可以通过与国内企业再联盟及合作把其合作经验传授给其他企业，同时把合作伙伴引介给其他公司，这会提高我国企业与海外企业合作的价值，并且在增强自身价值的同时也会加快中国企业的国际化与全球化步伐。另外，中国企业在与国外企业进行联盟合作时，也表现出一种急功近利注重短期利益的特点。中国企业与海外企业结成最多的是外贸性的联盟。这种联盟不需多少技术而且短期内可以实现价值增长，因而外贸性合作开展的最多，然而外贸性的联盟并不能提高中国企业的自身的竞争能力，也不利于中国企业直接与国外的顾客群体接触。不接触顾客，不了解顾客需求的企业是难以生产出适合海外顾客需求的产品的，尤其是在信息技术取得迅猛进展的今天。国际上的大型跨国公司都在利用网络技术计算机技术直接与全球范围内的顾客进行信息交流，实行客户关系管理。中国企业在和国外企业进行联盟时应缔结一些与生产科研技术开发市场的开拓相结合的联盟，增强自身与海外顾客的信息交流，通过合作技术开发市场来提升自身的国际化经验。也许技术联盟、研究联盟、客户联盟等形式的联盟在初期需要较大的投资，在短期内赢利并不可观，然而这些联盟在长期内是有巨大价值的，它能增强企业的技术开发能力，提高企业的管理能力，增强客户忠诚度。这是企业长期利润的来源，而外贸型联盟只能在短期内帮助企业获利，在长期内并不利于企业核心能力的提升。中国企业过于关注短期利益的行为在与国际企业跨国联盟时出现冲突和矛盾是难免的，很多管理者在联盟出现困境后不深入地分析冲突出现的原因与联盟恢复后可能带来的利润就匆匆结束联盟，这在中国企业国际化联盟管理中同样是不可取的。中国企业管理人员要改换在短期内出利润的观点，要从长期利润的观点出发，切切实实地对联盟进行管理。

第二节 变量的确定及数据的取得

一、变量的确定

本章对可能影响到浙江企业跨国联盟关系风险的指标范围给出了 3 大类的影响因素，并根据这 3 大类因素分解出了约 18 个可能对浙江企业跨国联盟关系风险产生影响的底层指标(问卷测定事项，见表 4-1)，然后通过多元统计学中的主因子分析法，借助 SPSS 16.0 软件包的运算结果，在这些界定的底层指标中寻找出确实对企业跨国联盟关系风险起决定性作用的因子指标。同时，通过 SPSS 运算结果，本章还得出了这些因子指标与相应的底层指标之间的定量关系。通过这些关键性指标(因子指标)，对浙江企业跨国联盟关系风险进行定量评估。

表 4-1 企业跨国联盟关系风险产生影响的指标

目标	变量	子变量	问卷测定事项
关系风险	关系因素	文化差异度	与伙伴文化相差较大(X_1)
		目标相容性	联盟双方目标是否一致(X_2)
			是否支持对方的目标(X_3)
		关系嵌入度	双方的互惠交换程度(X_4)
			双方的亲密程度、沟通交流的频率(X_5)
		理解缺乏和受胁迫程度	在联盟中双方地位的平等性(X_6)
		领域一致性	双方所属行业的相似性(X_7)
	经济因素	股权参与量	对联盟投入的股权量(资金)(X_8)
		非对称的联盟专用性投资	对联盟的资源投入较多(X_9)
		共同利益	联盟的收益对企业较重要(X_{10})
		分配的公平度	对联盟收益分配的满意度(X_{11})
		结构嵌入度	联盟中资源的共享与互补程度(X_{12})
		学习竞赛	合作伙伴较强的学习能力(X_{13})
		相互抵押物	相互抵押关键的企业资源(X_{14})
	时间因素	存期	预期合作能够持续多少时间(X_{15})
		来自快速产出的压力	对联盟目标是否感觉到压力(X_{16})
		合作历史	合作已经持续多少时间(X_{17})
		未来阴影	未来对合作双方的重要性(X_{18})

浙商研究

二、问卷研究与分析

(一)数据收集及有效性控制

本章进行的是验证性的实证研究。由于研究对象是跨国联盟,在发放对象方面,考虑到企业跨国联盟是公司层面的战略,且只有企业的高管才能对本研究涉及的问题有全面的了解,因此所有问卷面向企业高层管理者。其次,为了确保研究数据的有效性和可靠性,实际调查是采用集中发放问卷的方式,是在浙江大学管理培训中心和浙江大学经济学院继续教育中心举办的总裁研修班①中进行的。作者共发放问卷 180 份,回收 120 份,其中有效问卷 56 份,达到了大样本的要求。在问卷设计中,重点考察的是关系风险各决定因素的影响程度。采用语义差别隶属度赋值方法来增加准确性,将定性指标按影响程度的强弱程度分成 1~5 个档次,分别赋值为 9、7、5、3、1 五等。

(二)统计方法说明

根据所选指标范围的界定和指标数量等特征,采用了因子分析法中的主因子分析法对问卷的数据进行统计分析。主成分分析(Principal Components Analysis,PCA)也称为主分量分析,是一种通过降维来简化数据结构的方法:即把多个变量(指标)化为少数几个综合变量(综合指标),而这几个综合变量可以反映原来多个变量的大部分信息。因子分析的基本问题是用变量之间的相关系数来决定因子载荷。

对于一个原始数据矩阵 $\begin{bmatrix} X_{11} & \cdots & X_{1n} \\ \vdots & \ddots & \vdots \\ X_{p1} & \cdots & X_{pn} \end{bmatrix}_{p \times n}$ 求解其协方差矩阵 S 的特征方

程 $|S - \lambda_i|$,记 λ_i 中的 $i = 1, 2, \cdots, p$,特征向量矩阵为 $U = \begin{bmatrix} U_{11} & \cdots & U_{1n} \\ \vdots & \ddots & \vdots \\ U_{p1} & \cdots & U_{pn} \end{bmatrix}$

令 $F = U'X$,可得

---

① 这些班的学员一般为企业副总以上级别,或者至少位于核心管理层中,年龄在 30~55 岁之间,至少有大专以上学历,很大一部分在经过进一步研修之后获得了在职硕士学位证书。这些班主要是面向浙江省的民营企业开办的,因此样本对象符合我们的实证调研要求。

F 为主因子矩阵，并且 $F_a = U'X_a(a = 1, 2, \cdots, n)$，即每一个 F_a 为第 a 个样品主因子的观测值，通常只取其中 m 个 $(m < p)$ 主因子。因子分析的根本就是根据变量特征值大小选出第一个主因子 F_1，使其在各变量的公共因子方差中所占比重最大，然后剔除这个因子的影响，选出与 F_1 不相关的因子 F_2，使其在各个变量的剩余因子方差贡献中为最大，以此类推，直到各个变量公共因子方差被分解完毕，最后得到因子模型为

$$\begin{cases} x_1 = \alpha_{11}F_1 + \alpha_{12}F_2 + \cdots + a_{1m}F_m + \alpha_1\varepsilon_1 \\ x_2 = \alpha_{21}F_1 + \alpha_{22}F_2 + \cdots + \alpha_{2m}F_m + \alpha_2\varepsilon_2 \\ \qquad \cdots\cdots \\ x_p = a_{p1}F_1 + \alpha_{p2}F_2 + \cdots + \alpha_{pm}F_m + \alpha_p\varepsilon_p \end{cases}$$

因子分析把每个原始变量分解成两部分：其中一部分由所有变量共同具有的少数几个因子构成，即所谓公共因素部分；另一部分是每个变量独自具有的因素，即所谓独特因子部分。因子模型中 $F_1, F_2, \cdots, F_m$ 为公共因子部分，是各个变量中共同出现的因子；$\varepsilon_i(i = 1, 2, \cdots, p)$，表示影响 X_i 的独特因子，指原有变量不能被因子变量所解释的部分，相当于回归分析中的残差部分。α_{ij} 叫做因子载荷，是第 i 个变量在第 j 个主因子上的负荷，反映了第 i 个变量在第 j 个主因子的相对重要性。

本章之所以选择因子分析法来对影响浙江企业跨国联盟关系风险关键性指标进行统计分析，主要基于以下考虑：因子分析法通过对原始变量的标准化处理和数学变换，消除了各可能影响到企业跨国联盟关系风险的决定指标（因素）间的相关影响以及由于各指标分布不同、数据本身差异造成的不可比性，从方法源头保证了评价的质量。

第三节　实证结果分析

一、变量分析

（一）所有变量的相关矩阵检验

对于回收的问卷的原始数据，首先采用 KMO 样本测度法（Kaiser-Meyer-Olkin Measure of Sampling Adequacy）和巴特利特球体检验法（Bartlett's Test

浙商研究

of Sphericity)对所有变量的相关矩阵进行了检验。检验结果为(见表 4-2)：KMO＝0.698,①巴特利特的统计值的 χ^2 显著性概率为 0.000,α 小于 0.001,即相关矩阵不是一个单位矩阵。综合 KMO 测度法和 Bartlett 球体检验结果,表明本调查的数据适合采用因子分析法进行统计。

表 4-2　KMO 与 Bartlett 球形检验结果

KMO and Bartlett's Test		
Kaiser-Meyer-Olkin Measure of Sampling Adequacy		0.698
Bartlett's Test of Sphericity	Approx. Chi-Square	526.387
	df	153
	Sig.	0.000

(二)信赖度检验

信赖度检验(见表 4-3)的 Crobach's α 值为 0.785,大于 0.6,说明本研究的变量选择符合要求。

表 4-3　信赖度检验

Reliability Statistics		
Cronbach's Alpha	Cronbach's Alpha Based on Standardized Items	N of Items
0.785	0.774	18

二、因子求解

(一)因子求解结果

采用因子分析中的主成分分析法,由相关系数矩阵 R 计算得到特征值、方差贡献率、累计贡献率。如表 4-4 可知前 6 个因子的方差贡献率达到了71.081%,可以接受,因此在本次处理中作者提取了 6 个因子。根据因子载荷矩阵可以说明各因子在个变量上的载荷,即影响程度。

---

① 通常按以下标准解释 KMO 指标值的大小:0.8 以上,非常适合采用因子分析;0.7~0.8,很适合;0.6~0.7,适合;0.5~0.6,不太适合;0.5 以下,不适合。

表 4-4　因子分析总方差解释结果

Total Variance Explained									
Component	Initial Eigenvalues			Extraction Sums of Squared Loadings			Rotation Sums of Squared Loadings		
	Total	% of Variance	Cumulative %	Total	% of Variance	Cumulative %	Total	% of Variance	Cumulative %
1	4.634	25.744	25.744	4.634	25.744	25.744	3.415	18.970	18.970
2	2.312	12.842	38.587	2.312	12.842	38.587	2.458	13.656	32.626
3	2.082	11.565	50.152	2.082	11.565	50.152	1.865	10.363	42.989
4	1.479	8.217	58.369	1.479	8.217	58.369	1.856	10.310	53.300
5	1.250	6.943	65.312	1.250	6.943	65.312	1.735	9.638	62.938
6	1.027	5.706	71.018	1.027	5.706	71.018	1.454	8.080	71.018

由于初始的因子载荷矩阵系数不太明显（见表 4-5），为使因子载荷矩阵中系数向 0～1 分化，对初始因子载荷矩阵进行方差最大化旋转，旋转后的因子载荷矩阵如表 4-6 所示。

表 4-5　旋转前的因子载荷矩阵

Component Matrix						
	Component					
	1	2	3	4	5	6
VAR00010	0.708		−0.326	−0.103		0.308
VAR00004	0.677	0.249	−294		0.236	0.125
VAR00015	0.668	0.119		−0.361	0.219	
VAR00005	0.663		−0.505	0.217		−0.175
VAR00009	0.633	0.117	−0.447			
VAR00011	0.559	−0.226	0.362	0.395		
VAR00018	0.515	0.390	−0.305			−0.424
VAR00014	0.507	−0.145	0.238	−0.103	0.312	−0.412
VAR00013	0.459	−0.433	0.386	0.213	0.306	0.140
VAR00002	−0.276	0.693			0.262	0.270
VAR00001	−0.258	0.689		0.216		0.249
VAR00012	0.474	−0.612	0.126	0.328		0.123
VAR00008		0.323	0.689	−0.208	0.120	−0.363
VAR00016	0.458	0.182	0.514	−0.352		0.132
VAR00017	0.450	0.171	0.292	−0.522	−0.149	0.405
VAR00003	0.276	0.420	0.288	0.446	0.388	0.316
VAR00006	0.506	0.138	0.229	0.133	−0.630	
VAR00007	0.472	0.342	0.135	0.433	−0.524	

表 4-6　旋转后的因子载荷矩阵

Rotated Component Matrix						
	Component					
	1	2	3	4	5	6
5.沟通交流的频率 3.2	0.808	0.209		−0.231	0.165	
9.非对称的联盟专用性投资	0.770				0.106	
4.双方的互惠交换程度 3.1	0.766	0.127	0.189	0.201		
10.共同利益	0.691	0.184		0.333	0.133	−0.263
18.未来阴影	0.673	−0.231			0.262	0.349
15.存期	0.607	0.113		0.418		0.279
13.学习竞赛		0.812		0.156		0.123
12.结构嵌入度	0.118	0.789	−0.255		0.133	−0.135
11.分配的公平度	0.122	0.687			0.357	0.205
3.是否支持对方的目标 2.2	0.133	0.359	0.785	0.134		
2.联盟双方目标是否一致 2.1		−0.311	0.734	−0.172		0.204
1.文化差异度		−0.376	0.688			−0.161
17.联盟管理经验	0.163			0.860		
16.来自快速产出的压力		0.135		0.705	0.201	0.307
7.领域一致性	0.197	0.103	0.213		0.854	
6.理解缺乏和受胁迫程度	0.125	0.103	−0.102	0.240	0.807	
8.股权参与量	−0.228		0.197	0.308	0.127	0.758
14.相互抵押物	0.296	0.370	−0.141			0.602

三、因子解释

从表 4-6 可以看出（用加灰底的数字显示）：

因子 1 主要反映了沟通交流的频率、非对称的联盟专用性投资、双方的互惠交换程度、共同利益、未来阴影、存期。沟通交流的频率与双方的互惠交换程度两问卷指标同属关系嵌入度，而非对称的联盟专用性投资、共同利益可归纳为投入/产出分因子，未来阴影与联盟存期可归纳为联盟前景预期。

因子 2 主要反映了学习竞赛、结构嵌入度、分配的公平度。这三者同属经济类大类影响因素，可概括为结构嵌入与学习因子。关系嵌入又称关系力或关系凝聚力观点，是基于互惠预期而发生的二元关系结构，认为行动者可以直接通过网络中结点间的相互联系纽带来获取信息收益。Granovetter 还从互动的频率、感情强度、亲密程度和互惠交换四个维度将关系类型进一步划分为强关系和弱关系两类，因而强的关系嵌入有利于分配公平、双方良性的学习等，有利于提高企业绩效（1998）。

因子 3 主要反映了文化差异度、目标相容性。因此可把它定义为文化性因子。这里的文化应该包含一个企业所处的国家和民族的文化、企业自身的文化等。Brouthers 和 Wilkinson（1995）的研究指出，"不同的文化拒绝一件事情的方式差异很大，且其给定的时间框架、可选择的方式也各异。认识到这些文化差异的公司经理将不会误解伙伴公司的行为信号，从而在他们之间的联盟成功率比较高"。因而，文化差异度小，则联盟企业的目标相容性可能就会较大；文化的相近使得联盟企业间沟通交流的障碍相对少，联盟的成功率相对较大。

因子 4 概括了联盟管理经验和来自快速产出的压力。Anthony（2007）发现在近来关于跨组织联盟网络成长的研究中，企业常常与先前的合作者保持重复合作的关系。从网络的视角看，企业是有动力通过网络中非冗余的节点增加与组织网络的联系从而提高竞争实力。因为企业与先前的合作者之间已建立起了信任，所以与先前的合作者重新组成联盟可以减少交易成本（Dyer and Chu，2003）。而从路径依赖和社会学的视角来看，高水平的熟悉度、信任、相互理解使得联盟的管理和运行较为顺利，对于先前已存在合作关系的伙伴，它们之间对对方的需求、能力是比较了解的。与先前已存在合作关系的伙伴结成联盟可以减少伙伴的搜寻成本。搜寻一个合适的伙伴是项耗时耗费的事情，之前的合作关系能为伙伴的可靠性和适合性提供重要的信息（Dyer and Chu，2003），这些信息包括伙伴的管理系统、处事方式等。

因子 5 概括了领域一致性和理解缺乏与受胁迫程度。本书将其定义为企业情感类因子。对于已有合作历史的联盟双方来说，领域一致性将使得联盟的形成周期缩短。

因子 6 主要反映了股权参与量与相互抵押物。本书将其定义为股权类因子。

四、因子指标的量化重构

（一）因子得分矩阵

利用如表 4-7 所示的因子得分系数矩阵，可以得出因子表达式。

表 4-7　因子得分系数矩阵

Component Score Coefficient Matrix						
	Component					
	1	2	3	4	5	6
V_1 文化差异度	0.004	−0.087	0.361	0.059	0.044	−0.171
V_2 目标相容性 1	0.025	−0.056	0.370	−0.125	−0.030	0.148
V_3 目标相容性 2	0.015	0.254	0.502	0.049	−0.098	−0.096
V_4 关系嵌入度 1	0.246	0.016	0.139	0.060	−131	−0.052
V_5 关系嵌入度 2	0.269	0.033	−0.011	−245	0.030	0.027
V_6 理解缺乏和受胁迫程度	−0.079	−0.060	−0.123	0.053	0.519	−0.025
V_7 领域一致性	−0.037	−0.012	0.063	−0.080	0.536	−0.063
V_8 股权参与量	−0.107	−0.048	0.029	0.064	0.036	0.513
V_9 非对称的联盟专用性投资	0.249	−0.057	−0.019	−0.015	−0.019	−0.059
V_{10} 共同利益	0.181	0.016	−0.003	0.191	−0.016	−0.275
V_{11} 分配的公平度	−0.049	0.285	0.057	−0.108	0.160	0.090
V_{12} 结构嵌入度	−0.038	0.346	−0.045	−0.058	0.042	−0.141
V_{13} 学习竞赛	−0.047	0.382	0.096	0.036	−0.141	0.011
V_{14} 相互抵押物	0.082	0.095	−0.084	−0.120	−0.109	0.456
V_{15} 存期	0.181	−0.037	−0.027	0.170	−0.171	0.147
V_{16} 来自快速产出的压力	−0.069	−0.012	−0.003	0.376	0.038	0.083
V_{17} 合作历史	−0.027	−0.070	−0.021	0.544	−0.034	−0.160
V_{18} 未来阴影	0.235	−0.209	−0.071	−0.172	0.111	0.302

（二）因子指标与底层指标定量关系模型的构建

表 4-7 所示是根据回归法计算出来的因子得分函数的系数矩阵,对其进行归一化处理,可以对这 6 个主要因子进行量化。

$$F_1 = 00.246X_4 + 00.269X_5 − 00.107X_8 + 00.249X_9 + 00.181X_{10} + 00.181X_{15} + 0.235X_{18}$$

$$F_2 = 0.254X_3 + 00.285 X_{11} + 00.346X_{12} + 00.382X_{13} − 00.209X_{18}$$

$$F_3 = 00.361X_1 + 00.370X_2 + 00.502X_3 + 00.139X_4 − 00.123X_6$$

$$F_4 = −00.125X_2 − 00.245 X_5 + 00.191X_{10} − 00.108X_{11} − 00.120X_{14} + 00.170X_5 + 00.376 X_{16} + 0.544X_{17} − 0.172X_{18}$$

$$F_5 = −131X_4 + 00.519X_6 + 00.536X_7 + 00.160X_{11}$$

$$F_6 = −00.171X_1 + 00.148X_2 + 00.513X_8 + 0.456X_{14}$$

根据各主因子的贡献率,可计算联盟关系风险的评价,计算式如下:

$$Y_{\text{relational. risk}} = 0.267F_1 + 0.192F_2 + 0.146F_3 + 0.145F_4 + 0.136F_5 + 0.114F_6$$

五、影响程度及差异度分析

(一)联盟关系风险总体影响程度分析

通过 SPSS 对问卷调查进行描述性的频次分析和加权平均值计算,得到表 4-8 中所示的被调研的企业家对三大类联盟关系风内源性影响程度的统计结果。

表 4-8　联盟关系风险总体影响程度

影响程度分类	加权平均值	标准差(Std. D)	变异系数(CV)
关系类因素	7.64	1.43	0.19
经济类因素	8.52	1.60	0.19
时间类因素	5.36	1.83	0.39

从表 4-8 中可看出经济类因素、关系类因素以及时间类因素对联盟关系风险的内源性影响有一个排序,平均分值分别达到 8.52、7.64 和 5.36。这说明了三大类总体指标衡量对关系风险的影响程度是相当重要的,虽然在分值上存在一定的排序,在一定程度上反映了这三大类指标的影响程度在浙江企业家中的重要性的细微差别。企业参与联盟的最终目的是为了获得经济利润,所以相对而言经济类因素排在第一位。由于关系类因素反映了联盟双方为获得收益所付出的努力程度等,相对排在第二也是合理的。而时间类因素排在第三位。从中国经济发展的历程来看,在改革开放的 30 多年的历程中,企业跨国联盟进入中国企业家的决策范畴的历史不算长,从波导与西门子、娃哈哈与达能等之间的跨国联盟从形成到破裂看,浙江省的企业跨国联盟还有待于时间的考验,因此相对排序在第三位,当然,其重要性也是不可忽略的。另外,经济类因素与关系类因素的变异系数较小,均为 0.19,数据离散程度不大,比较集中于均值周围。虽然时间类因素的变异系数为 0.39,稍显大,但 0.39<0.5,说明离散程度不算很大,企业家对时间类因素的影响程度的评价也比较集中在其均值周围。

(二)评价指标影响程度的基本概况分析

为了分析联盟关系风险形成机制的内源性影响因素的具体评价指标的影响程度,对这些具体指标进行频次分析和加权平均值的计算,如表 4-9 所示。浙江企业家对关系风险影响因素评价指标平均分达到 6.18 分,介于"高(7 分)"和"较高(5 分)"之间。浙江省企业家对这些影响因素的评价有一个排序,其中得分属于第一层次的有:文化差异度(7.23)、目标性相容性(7.24)、股权参与量

(6.4)、非对称的联盟专用性投资(6.82)、共同利益(6.45)及其未来阴影(6.71)。这与企业在寻找跨国联盟时的实际情况是较为相似的,在经济全球化和一体化的今天,文化差异度和目标相容性有突出的表现。从全国的范围看,上汽与韩国双龙汽车、台湾明基与西门子之间联盟合作的失败;小范围的到浙江省娃哈哈与达能之间的联盟解体,以上这些因素的影响都是很大的。

得分相对较低一点的有领域一致性(5.47)、分配的公平度(5.47)、学习竞赛(5.55)及其合作历史(5.60)。当联盟企业中股权分配比例较为确定后,在分配公平度、领域一致性等方面,联盟双方都是心里有数的,加上有所在国法律体系的保护,企业家对这方面的担心相对较小一点。另外,目前浙江企业与国外企业的联盟,双方之间的合作大部分处于初级阶段,对技术的要求并不是很高,因此学习竞赛等影响程度相对也小点。

表 4-9 关系风险形成机制的内源性影响因素的影响程度一览表

关系风险形成机制的内源性影响因素			加权平均值	标准差(Std. D)	变异系数(CV)
因素分类	评价指标	代码			
关系类因素	文化差异度	X_1	7.23	1.49	0.21
	目标相容性	X_2	7.44	1.28	0.17
		X_3	7.05	1.49	0.21
	关系嵌入度	X_4	5.86	1.57	0.27
		X_5	5.90	2.22	0.38
	理解缺乏和受胁迫程度	X_6	5.88	2.01	0.34
	领域一致性	X_7	5.47	2.05	0.37
经济类因素	股权参与量	X_8	6.40	1.62	0.25
	非对称的联盟专用性投资	X_9	6.82	1.66	0.24
	共同利益	X_{10}	6.45	1.61	0.25
	分配的公平度	X_{11}	5.47	1.77	0.32
	结构嵌入度	X_{12}	5.81	1.60	0.28
	学习竞赛	X_{13}	5.55	1.61	0.29
	相互抵押物	X_{14}	5.95	1.90	0.32
时间类因素	存期	X_{15}	5.83	1.57	0.27
	来自快速产出的压力	X_{16}	5.91	1.73	0.29
	合作历史	X_{17}	5.60	1.92	0.34
	未来阴影	X_{18}	6.71	1.80	0.27

(三)评价指标影响程度的差异程度分析

为了进一步把握浙江省企业家对联盟关系风险影响程度的指标评价的差异程度,采用变异系数(CV)。变异系数是用来考察内源性因素的差异程度的大小,它能说明样本个体与平均值的离散程度,CV 越大,表示影响程度的差异性越大。具体计算公式为

$$CV = \frac{\text{Std.}\,D}{X} \qquad\qquad (4\text{-}1)$$

其中:$\text{Std.}\,D$ 为标准差;X 为均值,其值列于表 4-9 中。由表 4-9 可知,大部分因素的 CV 指标值都位于 $0.20\sim0.30$ 之间,属于差异度较小的范围内。由文化差异度(0.21)、目标性相容性(0.19)、股权参与量(0.25)、非对称的联盟专用性投资(0.24)等的 CV 指标确值可以看出,浙江省企业家对这些指标影响程度的评价保持了一致性。而领域一致性(0.37)和合作历史(0.34)的 CV 指标值稍显大点,但都还是小于 0.5 的水平的,且离散程度不大,还是比较集中于均值周围的。

第四节　本章小结

本章使用信赖度分析与因子分析方法分析了影响企业跨国联盟关系风险的因素,选取因子载荷值大于 0.6 的指标,并根据因子矩阵来解释因子的意义。从因子分析的结果看,问卷中关于时间类因素、关系类因素、经济类因素的题项,在分析过程中并未删除任何题项。将这些题项分别归入结构嵌入/学习等共六个因子。样本的 Cronbach's α 值大于 0.6.说明所提取的因子与对应题项内容有高度的一致性。六因子对关系风险的贡献度分别为 0.267、0.192、0.146、0.145、0.136、0.114。同时,对这些指标的影响程度分别从总体上以及用细分的指标对其进行了影响程度及差异度的分析,结果较为符合实际情况。因而,在实践中,企业在寻找潜在合作伙伴时,应综合考虑以上六因子,进而降低关系风险。关系风险决定因素的综合分析有助于联盟成员的管理者系统评估可能增加或者减少伙伴机会主义行为而引致关系风险的条件。从而使联盟成员在选择伙伴之前可对风险进行很好的预估。

由于目前国内企业跨国联盟存在的层次低、依赖性强、横向联盟多、纵向联盟少、相互之间缺乏信任感、核心能力水平不高、相应的核心能力的培养不够等

浙商研究

诸多的问题,因此,在关系风险影响机制中,不同的因素在不同性质的联盟中的影响权重可能有所不同,联盟成员可以用最合适有效的组合机制来抑制机会主义行为带来的(潜在)关系风险(Das,2005)。如成员公司担心伙伴机会主义行为是因为文化性因子导致的,则在员工培训过程中培育它们对文化差异的敏感度和信任机制的建立就显得较为关键。总之,本章的研究目的是希望可以为更好地理解联盟关系风险的决定因素并对规范地研究关系风险提供一个抛砖引玉的框架。

理论是实证分析的基础,下一章将以正泰集团建立的跨国联盟以及娃哈哈与达能建立的联盟为例进行关系风险生成机制的分析。东方通信与摩托罗拉的跨国联盟、波导与西门子的跨国联盟分别用来验证关系风险向低位演化和向高位演化两种机制。

第五章

浙江企业跨国联盟关系风险案例分析

第一节　正泰集团——从松散的供应联盟到战略联盟

一、正泰集团简介

正泰集团位于中国的低压电器之乡——乐清柳市,始创于 1984 年 7 月。依靠质量和信誉,它逐渐发展成为一家中国低压电器产业的龙头企业,产品覆盖高低压电器、输配电设备、仪器仪表、工业自动化、建筑电器、光伏电池及组件系统和汽车电器等产业,并畅销世界 70 多个国家和地区。集团的综合实力已经连续五年名列中国民营企业 500 强前 10 位,"正泰"商标被国家工商局认定为驰名商标。

1991 年 9 月,中美合资温州正泰电器有限公司成立。这是一个名为合资实为融资的举动,通过从正泰的董事长南存辉在美国的妻兄黄李益处融资 15 万美元,正泰顺理成章地成为能够享受国家优惠政策的中外合资企业。同时,南存辉在这个过程中完成了股权稀释,个人持股由 100% 下降到 60% 左右。这个过程不仅扩大了正泰的资本,而且使得正泰享受到了诸多"中外合资公司"的好处。

1994 年 2 月,南存辉联合 48 家企业成立了温州正泰集团。20 世纪 90 年代初期,柳市的低压电器产业由于产品假冒伪劣等原因大量的企业倒闭,与此同时正泰凭借着优质的产品质量得到了各界的认可,品牌价值获得了提升。由此,一个松散的联盟就形成了。加盟企业为正泰贴牌生产,正泰收取 1% 的品牌费和少许管理费。但是,这种模式直接导致了品牌的混乱,正泰随后不得已进行了股权改造,通过稀释自己的股权完成了对 48 家企业的收购。

2005 年 2 月,正泰携手美国通用电器(GE)成立了通用正泰(温州)电器有限公司。该公司总投资 586 万美元,GE、正泰分别占有 51%、49% 的股份。这家新公司将采用联合品牌,主要生产小型断路器、漏电保护断路器、漏电附件、隔离开关等,合资公司的产品将大部分供应欧盟市场。

二、正泰集团供应联盟的关系风险分析

通过对正泰集团历史的简单回顾,知道在 1991 年成立了中美合资的温州正泰电器有限公司。虽然合资的确是联盟研究中的一个重要部分,但是对于这个案例,只能把这种合资行为视为融资行为,或者更直白地说就是借款。因为该合资并不真正涉及与国外企业在技术、市场、人员方面的交流,而仅仅是一种为了获得政策优惠的资金行为。正是由于这种合资行为不包含对伙伴企业的约束和控制,也就不存在关系风险。

正泰的供应联盟产生于集团成立之前,由于当时低压电器行业在经历了大洗牌之后,存活的不到 20%,而在这 20% 中仅仅只有为数不多的几家拥有自主的品牌和市场网络,这其中就包括正泰和德力西。一方面,其他小企业在全国的抵制潮(当时温州低压电器产品假冒伪劣盛行)中难以打开局面;另一方面,正泰自身的生产能力并不能满足快速增长的市场需求。于是,两方就自然而然地形成了一种较为松散的联盟:由加盟的电器生产企业为正泰贴牌生产,产品通过正泰的质量检测后,经正泰的销售渠道出去,而正泰收取 1% 的品牌费和少许管理费。

这是一种契约式的联盟,联盟双方根据契约达成一种供应协议,这种联盟在组织结构上较为松散,联盟的企业作为独立的法人在这种监管较为不严的情况下,就很有可能产生机会主义行为,而事实也正是如此。在正泰销售迅速扩张的同时,出现了一些负面现象:很多企业私自将自己的产品贴上正泰的牌子进行销售,这样一来,不仅正泰的市场受到了挤压,而且很有可能把经营多年的牌子砸了。这就是联盟关系风险的形成,对此结合上文的模型来分析在这个过程中正泰面临的关系风险来自何处(见图 5-1)。

这一供应联盟的市场基础很明显,就是为了获得互补性的能力,通过联盟可以实现生产互补、价值互补、优势互补,从而获得利益最大化。联盟给正泰带来的好处在于,在短短的几年之内,正泰的年产值就达到了 5000 万元,同时南

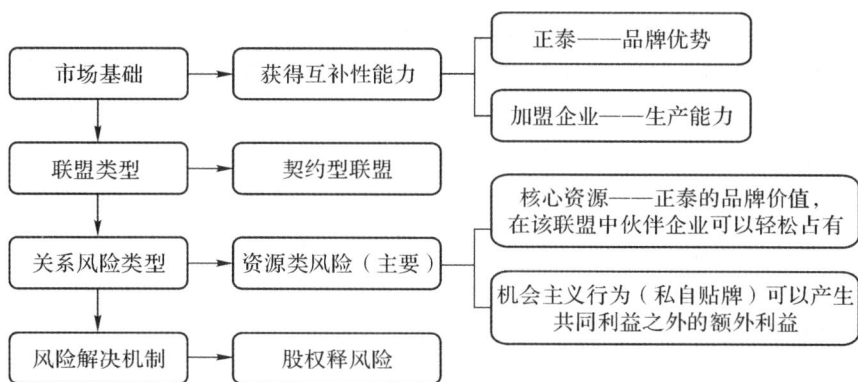

图 5-1　正泰集团联盟关系风险分析

存辉的个人资产也增值 20 倍,这是正常的市场行为所难以实现的。对于加盟企业来说,联盟的意义就更为重大。联盟对于这些在行业变革中还没缓过气来的低压电器企业来说就像是"救命稻草",在那个没有品牌就没有市场的年代,为正泰贴牌生产自然成为了柳市众多低压电器企业的选择。

　　这一市场基础就决定了这一供应联盟从直观上看就是以正泰(中心企业)为中心向其他加盟的电器企业发散的一个联盟网络,而 48 家电器企业中的任一家又只存在与正泰的单一二维联盟。这可以用图 5-2 来表示。

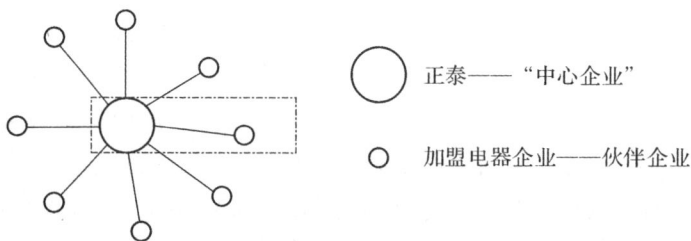

图 5-2　正泰联盟示意图

　　这种联盟形式事实上是由多个二维联盟通过正泰这个"中心企业"组合到一起。根据第二章的分析,伙伴企业的机会主义行为的产业主要受到几个方面的影响:(1)中心企业对伙伴企业的依赖程度;(2)伙伴企业对中心企业的依赖程度;(3)伙伴企业机会主义行为的可能空间;(4)机会主义行为对中心企业造成的损失的大小和可能性。前两项在这个案例中很显然是伙伴企业对正泰的依赖程度较大,而正泰对其他的 48 家的依赖程度较小。因为对于正泰来说选择哪一家贴牌企业都是一样的,它同时具有选择权;而对于伙伴企业来说它们则没有主动权。第三条是该案例中出现关系风险的关键所在。由于难以监控,存在机会主义倾向的伙伴企业就会自行贴上"正泰"商标进行销售,侵占了"正泰"这一品牌价值。这就形成了伙伴企业机会主义行为的可能空间,为机会主义行为创造了条件。第四条主要根源于第三条的存在。这主要来自两个方面:一方面这些自行销售的"正泰"产品挤压了原有市场,使得正泰正常的利润空间缩小,产生相对损失;另一方面,由于这些产品没有经过正泰的检验,产品质量不一定能够得到保证,一旦出现问题就会损坏正泰的品牌质量。

为了解决联盟中出现的机会主义行为,正泰用股权换取了这些企业的控制权,通过集团控股加盟企业而成为集团的股东。加盟企业不再具有独立的法人资格,由集团统一管理,从而使得过去的贴牌企业正式成为了正泰的一个部分。对于南存辉家族来说,通过这场革命,整个南氏家族拥有的股份被稀释,降到50%以下,集团公司的股东发展到100多人;但是对于正泰集团来说却是通过股权稀释实现了又一次的跨越。集团内部明晰了公司治理,统一了生产制造与研发,外部统一了市场,这样使管理成本大大降低,也清除了市场混乱产生内耗的隐患。南氏家族用股权换来正泰集团发展的战略空间,这就是后来所称的"新集体主义"。

三、正泰与 GE 的跨国联盟

应该说 GE 并不是第一家想与正泰合作的企业。早在十多年前(1994 年),法国的施耐德就开始与正泰谈判:先提出以现金方式收购正泰 80% 的股权,谈判失败后的 1995 年 1 月,施耐德就在杭州起诉正泰产品侵权;1998 年,施耐德又提出要控股正泰 51%,谈判失败后;1999 年 1 月份,施耐德又在北京提起诉讼;2004 年,施耐德与正泰第三次走到谈判桌前,这次的方案是以 50∶50 的方式合资。但是,三次谈判都以失败告终,在这十多年中正泰非但没有和施耐德合作,反而是双方之间官司不断。

2005 年 2 月,经过 3 年的接触和沟通,正泰转身开始与通用电器的合作。从正泰跟施耐德的谈判中可以清楚地看到正泰并不能够接受跨国公司的绝对控制,因此作为两家电器巨头之间的第一次合作(一个中国第一,一个世界第一)也仅仅是总投资 586 万美元的规模。正泰拿出了产品线中的一小部分(小型断路器、漏电保护断路器、漏电附件、隔离开关等低压电器产品)与 GE 合作开发,而这家合资公司的主要目标市场则在欧盟。商标往往是民营企业在跨国谈判中较为敏感的话题,而通用和正泰的合资公司将采用"通用正泰(GE-Chint)"联合商标,在其产品上通用与正泰的商标图形联合出现。不得不承认,这是在中国企业跨国联盟中相当鲜见的。在正泰、GE 的跨国联盟中可以看到正泰的国际化、GE 的中国化。首先以一个简单的分析图 5-3 来打开此次分析。

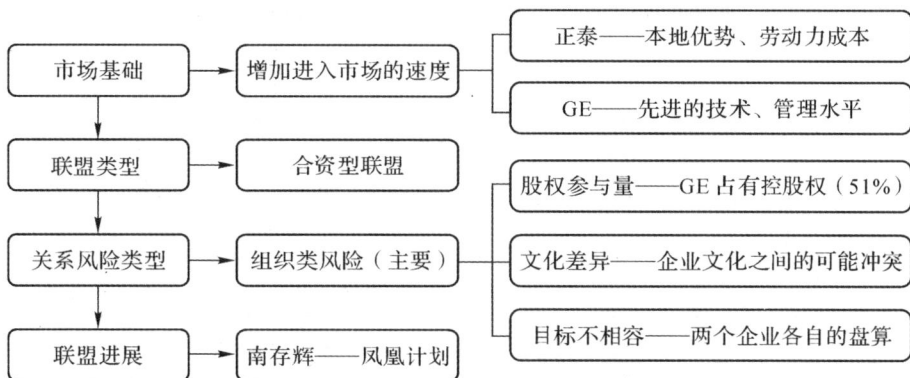

图 5-3　正泰、GE 跨国联盟示意图

GE，作为一家全球领先的电气企业，自然十分关注中国市场，携手正泰正是这家跨国公司本土化战略中的一步。对于积极寻求国际化的正泰来说，国内市场几近饱和的容量早已不能满足正泰当时的发展需求，"以市场换技术"、"以市场换管理"、"以市场换标准"显然也是南存辉在那个阶段可以接受的战略。因而，虽然南存辉在股权上做出了一定的让步，这些合资计划还是顺利地实行了。根据通用正泰总经理王江的说法："合资公司的产品将大部分供应欧盟市场，这主要是因为欧盟的劳动力成本高，GE 在欧盟国家生产相应的产品没有竞争力。"至少合资公司当时的意图是希望通过劳动力成本的降低来打开欧盟市场。但是，显然也应该注意到此项联盟的市场基础——"增加进入市场的速度"应当包含两个市场——欧盟和中国，而中国市场从长期来看显然更为重要。如果说中国市场才是 GE 合资的目标所在的话，那么双方就具备很强的互补性。

合资必然牵涉到两家不同背景的企业如何在一个合资公司下和谐发展的问题，因而从联盟类型的角度出发，关系风险主要来自于组织类的，也就是股权参与量、文化差异和目标的不相容。而从联盟的四个阶段来看，现在已经明晰的是伙伴选择和联盟建立两个阶段。本章将具体地分析联盟企业在这两个阶段可能有哪些因素会导致关系风险，同时，也会对后两个阶段，即联盟运营和绩效评估做出一定的分析。

(一)伙伴选择

首先看一下联盟中两家企业在实力、行业等方面的比较(见表 5-1)。

表 5-1　正泰和 GE 伙伴选择分析

	始创	年销售额（2007）	排名（2007）	主营业务	合作意图
正泰	1984 年，求精开关厂	约 25 亿美元，国外销售约 5000 万美元（2004 年）	中国民营企业 500 强中名列第 4 位，全球电器产业排名第五	高低压电器、输配电设备、仪器仪表、工业自动化等中低端市场	产品迅速地达到欧美国家的标准，在欧美巨大的市场中占有一席之地
GE	1878 年，爱迪生电灯公司	约 1500 亿美元，中国约 44 亿美元	世界 500 强排名第 9，全球电器产业排名第一	多元化的科技、媒体和金融服务公司	提升 GE 产品在欧盟的竞争力；中国的本土化战略

　　通用电气作为一家老牌的跨国公司，成立已经有 130 年，比正泰集团早了将近 100 年。虽然说正泰是中国低压电器产业的老大，但是相比较全球 500 强排名第 9 的 GE 来说，还是相差很远。正泰的年销售总额差不多占到 GE 的 1.7%，国外销售收入则更少。从目前的经营领域来看，GE 已经是一家多元化、全方位发展的跨国公司，它的经营触及科技、媒体以及金融服务等，其中科技中就包含了电气产业；而正泰集团则一贯秉承南存辉做好做专的风格，逐渐实现从电器产业向电气产业的转变，但总的来说基本上处于主业经营当中。

　　根据上文的分析框架，即目标企业、战略选择、价值判断、关系水平四个方面组成的跨国联盟第一阶段的伙伴选择中，通用正泰未来关系风险最大的可能性来自于战略选择。

　　（1）对于正泰来说，现在的目标企业就是通用。从两个企业的比较表来看，虽然在实力上正泰还是与通用相差很多（年销售额不到通用的 2%），但是作为中国最大的低压电器企业，正泰具备在中国市场的领先地位，占有中国低压电器 30% 的市场。因此，单就中国的电气市场而言，正泰显然要优于通用。这种作为本地领先者的优势能够使得双方在联盟合作过程中不会显得过于不平等。由此，可以认为至少从现阶段来看，通用正泰还是处于竞合平衡的阶段，同时由于合资企业的规模相对较小，不会对两方的企业造成较大的影响，也就不存在规模上的问题，也就说因企业的规模、实力的原因引起的关系风险的可能性较小。

　　（2）战略选择有可能是合资企业遇到的一个较大的问题。虽然从短期的战略导向来看，这家合资企业的目标市场在欧洲，但是并不能够排除通用希望通过合资达到本土化的战略倾向。即便是从正泰的角度出发，也是应该做好了"市场换技术"的心理准备的。站在正泰的角度来看，主要是通过合资实现技术、质量标准上的升级，从而可以打开国外市场，实现国际化的战略。势必，这种潜在目标上的冲突会有可能导致一些矛盾的产生,从而导致关系风险。

(3)跨国联盟的产生是基于价值的共识,也就是说联盟能够使得双方都能够享受到联盟之外的额外价值。从资源来看,正泰和通用具备兼容性的资源:其一,它们所属的行业的一致性使得双方的资源在很多方面能够共享,而这往往能够带来可观的收益,就像奥康和GEOX之间销售渠道网络共享那样。其二,两者的资源具备一定的互补性。正泰需要通用先进的技术和管理水平,而通用正泰则看上了正泰的本地市场经验、强大产能和出色的营销网络。值得一提的是,在通用正泰成立的短短一段时间内,目睹了正泰和GE在运营管理上的巨大差异后,南存辉提出了"凤凰计划",全盘检讨和变革公司日常经营性的运营管理方式,并将从GE那里看到的和听到的每一个细节经过沉淀后融入"凤凰计划"。可以看到,正泰在联盟中不断学习、变革,只要是双方都认为联盟具有这种价值的话,联盟的关系风险就可能得到降低。

(4)关系水平。这个合资项目从接触到谈成大概经历了三年时间,相比较正泰和施耐德十年的谈判经历,可以发现,正泰跟GE的谈判还是较为顺利的,至少没有出现因为谈判失败而相互诉讼对方专利侵权的情况,可以说关系水平还是处于较为稳定的状态。

(二)联盟建立

在联盟建立中所考核的关系风险的指标主要也包含联盟类型、股权参与量、资源投入和组织结构四个方面。

1.联盟类型/股权参与量

合资中股权的分配比例往往是谈判中重要的一个部分,任何一个企业都不甘心于被对方所控制。从这个案例通用与正泰51%比49%的股权分配来看,正泰应当是做出了一定的让步的。放眼通用在中国的一系列合资行为来看,通用比较在意控股权,对此GE工业系统集团总裁及首席执行官劳埃德·特罗特曾经评价说:"这完全符合合作者的做法,GE努力在全球电气市场扩展其领导地位。"股权问题有可能导致的关系风险在于在未来某些问题的决断权上,拥有控股权的一方就拥有决定权,那么一旦出现争议性问题的话,正泰就可能要处于弱势的地位。仅从联盟本身的角度来看,控股权的缺失的确会产生一些潜在的关系风险。

但是,对于整个集团来说这一股权问题绝不是一个核心问题,正泰并不是把整个生产、销售线拿出来跟GE合资,而仅仅是其中的一小部分。如果按正泰总资

浙商研究

产有 40 个亿人民币来算,那么合资资产仅仅占到总资产的万分之七点五,对于 GE 来说则更加少,大概这也正是为什么正泰能够做出一定让步的原因吧。

可以对比一下同样是中国低压电器产业龙头企业的德力西集团与施耐德的合资,就完全不同于通用正泰。因为施耐德所投入的资产几乎是自己的所有核心资产,那么股权控制问题就成为了可能影响未来关系风险的重要因素。

2.资源投入/组织结构

从资源的投入量来看,正泰和通用对合资公司的投入资金都不到 300 万美元,这是一个什么样的概念呢？可以估算一下,这差不多是正泰年销售额的千分之一,GE 年销售额的十万分之二。显然,双方都只是希望通过小规模的投入来试探性地合作,那么这种小规模的投入所能够产生的潜在机会主义风险也就相对来说比较小。事实上,企业行为大多会受到过去行为的影响,那么作者认为在有关资源投入的考虑中,正泰的决定会受到过往十年跟施耐德谈判的影响,对大规模的合作产生抵触心理。

其实,两家公司所真正关注的并不是 300 万美元的投入本身,而是在这 300 万美元后面所附带的价值:300 万美元＝跨国公司先进的技术、管理模式＋本土化的经验。相较于产出而言,这两方面的价值才是真正的资源所在,也就是说是双方联盟真正的资源投入。通过这个结论,就可以把一个有意义的现象联系起来:南存辉一般都不太愿意提及这个效益并不是太好的合资公司,但是对于在和 GE 合资过程中的每一个细节,他都反复推敲,并大胆地提出了"凤凰计划"。可见,在南存辉的心目中,学习一个跨国公司的经营管理模式远远比合资公司的产出要重要许多。相信,对于 GE 来说,它们也同样在这个过程中学习如何本土化地生存、经营。只要这种相互的资源需求存在,这一跨国联盟就会处于较为稳定的状态,可能的机会主义风险就会相对较小。

组织结构方面的风险主要来自于实现联盟弹性和结构刚性之间的平衡,也就是说一方面要能够对外界环境的变化做出快速的反应,另一方面需要维持组织的稳定性。注意到双方在谈判过程中的一个细节:当谈判中一切细节都已经谈妥后,GE 总裁却没有在合约上签字,他要回去向公司法务部介绍情况。而 GE 的法务部具有一票否决权,即使是总裁也要得到它的同意才能做决定,因为这样的体系才可以减少企业经营的风险。从联盟建立的第一刻起,南存辉就开始将自己多年积累的中式经验跟西方的管理模式结合起来——这就是凤凰计划。凤凰计划的存在所传达的信息在于,组织不是问题,因为正泰需要跟 GE 融合,而 GE 也需要跟正泰融合。

(三)联盟运营/绩效评估

联盟运营中最大的问题在于学习竞赛。在联盟中较早地学会对方企业的技术和知识的企业就拥有较多的主动权,那么其机会主义的倾向也就更大,而联盟对于伙伴企业的价值在学习中却不断减小。已经提到通用正泰成立的根本在于双方具备相互学习的价值,一旦某一方认为这种价值不再重要的时候,就有可能产生机会主义行为和关系风险。

文化冲突和行为模式的差异一直被认为是跨国联盟中较为棘手的问题,但是在"正泰国际化、GE本土化"的大前提下,这个问题是可以被妥善解决的。联盟双方都希望能够在联盟过程中实现文化上的默契,这不仅仅关系到合资企业本身的发展,而且还关乎双方未来在各自领域的表现。也就是说,合资的平台价值在于正泰在为走向国际积累经验,GE在为走入中国打下基础。

对于通用正泰来说,绩效评估中最大的问题可能来自于对未来的展望。正如南存辉自己所说:"用市场换技术可以,但是核心技术是换不来的。"从当前来看联盟的双方都在学习的初期,所以联盟还是比较蜜月型的。但是,一旦双方的目的都达到后,利益问题就会激化,就会关注联盟在资源、利益的分配上是否平均。

第二节　娃哈哈与达能的合资——走在决裂的边缘

一、娃哈哈集团简介

杭州娃哈哈集团有限公司创建于1987年,目前为中国最大的食品饮料生产企业、全球第五大饮料生产企业,规模仅次于可口可乐、百事可乐、吉百利、柯特这4家跨国公司。娃哈哈集团在全国26个省市建有100余家合资控股、参股公司,在全国除台湾地区以外的所有省、自治区、直辖市均建立了销售分支机构,拥有员工近2万名,总资产达121亿元。公司拥有世界一流的自动化生产线以及先进的食品饮料研发检测仪器和加工工艺,主要从事食品饮料的开发、生产和销售,主要生产含乳饮料、瓶装水、碳酸饮料、茶饮料、果汁饮料、罐头食品、医药保健品、休闲食品等八大类近100个品种的产品,其中瓶装水、含乳饮料、八宝粥罐头多年来产销量一直位居全国第一。2007年,公司实现营业收入258亿元。娃哈哈在资产规模、产量、销售收入、利润、利税等指标上已连续10年位居中国饮料行业首位,成为目前中国最大、效益最好、最具发展潜力的食品

浙商研究

饮料企业。

1996年3月，娃哈哈携手达能集团、香港百富勤公司成立了五家合资公司，其中娃哈哈持股49％，达能持股41％，百富勤持股10％，但实际上是百富勤与达能在新加坡组建的金加投资公司投入合资，形成娃哈哈占49％，金加占51％的合资公司。

1998年，由于受到亚洲金融危机的影响，百富勤破产，将10％的股权出售给达能，从而达能成为娃哈哈第一大股东，持股51％。

1999年，由于投资建议屡次被否后，宗庆后决定成立非合资公司，截至2006年，非合资公司占娃哈哈集团所有公司的61％，总资产56亿元，利润逾10亿。

2007年，法国达能公司欲强行以40亿元人民币的低价并购杭州娃哈哈集团有限公司总资产达56亿元、2006年利润达10.4亿元的其他非合资公司51％的股权。

二、娃哈哈与达能联盟关系风险分析

娃哈哈与达能联盟过程中的纠纷问题早就闹得沸沸扬扬，这些纠纷也就是本书所探讨的关系风险问题。暂不论娃哈哈和宗庆后在这个过程中是如何为了一己之利走出了一步步现在想来难以理解的举动，从这个案例中应该看清的是如何识别、防范和控制跨国合资过程中的关系风险，这个风险很有可能最终导致一个民族企业的灭亡，乐百氏就是一个很好的例子。当我们的政府、企业对合资大举绿灯的时候，是否应该反思如果合资的最终目的在于将中国打造成为世界500强的世界工厂，那么我们也该为"民族品牌"的生存担忧了。中国可能失去的下一个"乐百氏"或许就是"娃哈哈"、"德力西"、"汇源"了吧……

娃哈哈与达能案例的特点在于两者已经合作了12年，虽然中间产生过诸多不愉快，但是合作仍然继续着。这么长的时间跨度有助于更好地来分析联盟各个阶段的关系风险，同时也为后来的企业提供一些有意义的参考。有些人说娃哈哈和达能之间是一场"非典型合资争端"，看来则不尽然，这应当是一桩"典型的并购型跨国联盟争端"，从始至终达能的目的都不在于跨国联盟，而在于有一天能够完全控制娃哈哈及其品牌（并购）。

为了更好地来分析这一案例，根据时间把娃哈哈和达能的联盟分为三个阶段（见图5-4）：第一阶段——陷阱期，对应的联盟过程为伙伴选择和联盟建立；第二阶段——消极反馈期，对应的联盟过程为联盟运营；第三阶段——正面反击期，对应的也是联盟运营。

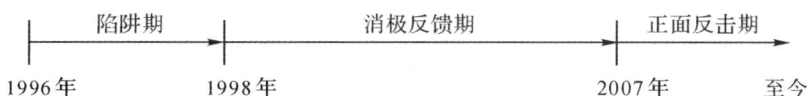

图 5-4　娃哈哈 & 达能联盟阶段示意图

三、娃哈哈与达能各个阶段关系风险分析

很多专家都强调娃哈哈与达能联盟过程中的纠纷问题是一个"法律风险"失控导致的问题,但是作者认为在法律之外,"达娃案例"更为重要的意义在于"关系风险,即如何识别和控制跨国合作伙伴的机会主义行为,包括"垄断性合资"(例如达能与正广和的合资)、"恶性并购"(FAG 并购合资伙伴"西北轴承")等。"关系风险"涵盖了更多方面的问题,即从联盟的伙伴选择之始,一直延续到联盟的运营和绩效考核。希望从这个案例获得一些如何识别、防范和控制跨国合资过程中的关系风险的启示,这个风险很有可能最终导致一个民族企业的灭亡,乐百氏就是一个很好的例子。

娃哈哈与达能案例的特点在于两者已经合作了 12 年,虽然中间产生过诸多不愉快,但是合作仍然继续着。根据不同阶段的划分,对该跨国联盟中不同阶段所表现出来的关系风险做出了概略性分析(见表 5-2)。

表 5-2　娃哈哈与达能不同阶段关系风险分析

		娃哈哈与达能 (从娃哈哈的角度出发)	评　价	潜在 关系风险
伙伴选择	目标企业	达能——世界 500 强企业,鲜乳制品、饼干和饮料是达能的三大主要产品,70%的营业额来自当地的领导品牌	娃哈哈是中国最大的饮料生产企业,应该说联盟双方的企业规模、竞合还是相对平衡的	+
	战略判断	与当地领导性的品牌进行并购、合资或合作,实现达能品牌的本土化销售,并从对当地领导品牌的战略投资中获利	达能所最终关注的并非品牌运作,而是资金运作,也就是说通过投资来获得更多的回报。因此,双方的战略目标不一致	++
	价值判断	通过合资,获得达能作为跨国公司在管理、技术等方面的先进经验	娃哈哈在不缺钱、运营良好的情况下引入达能实际上是为了实现国企改制的基础,即实现MBO(Management Buy Out)	++
	关系水平	无过往合作关系	双方之间并不存在良好的过往关系基础,为弱关系联结	+

续表

		娃哈哈与达能 （从娃哈哈的角度出发）	评 价	潜在 关系风险
联盟建立	联盟类型	合资	这是一种双方之间依赖程度较高的形式	＋
	股权参与量	达能41％＋金加10％ VS 娃哈哈49％	信息的相对不对称和审查不到位导致了在联盟伊始，娃哈哈就陷入了股权困境	＋＋＋
	资源投入	非对称，娃哈哈将品牌注入合资公司	娃哈哈将最为核心的资源——品牌作为专有资源注入合资公司，导致合资公司双方之间资源投入的扭曲	＋＋＋
	组织结构	中方控制：虽然达能在董事会多占一个名额，却不参与合资公司的运营，没有实际经营控制权	由于合资公司一直由娃哈哈控制，因此，联盟的弹性较好；对市场反应迅速；不存在结构刚性问题	＋＋
联盟运营	组织融合	基本不涉及组织融合问题，合资公司仍然由娃哈哈的团队通盘管理	跨国企业之间的融合问题本应是跨国联盟中重要的一个方面，由于联盟的经营控制权的一边倒，导致联盟双方无法在运营过程中产生感情，也就是信任	＋＋
	协作程度	较低，在瓶装水、非常可乐等项目上存在巨大分歧	联盟双方在具体项目的开发上产生严重分歧，协作程度较低	＋＋
	产出压力	无		×
	组织行为	沟通存在问题，达能曾经派遣来"支持"娃哈哈的财务、研发、市场等人员均被宗庆后驱逐回国	达能酸奶业务的失败说明了其跨国经营管理能力方面的有限性	＋＋
绩效评估	收益评估	达能历年从中分红30.77亿元，达能方面不满非合资企业占有了太多的利润	娃哈哈越来越多地将利润较高的产品转移到非合资公司，导致达能对合资公司收益的不满	＋＋
	未来展望	企图获得非合资公司51％的股权	最终，达能强制收购娃哈哈非合资公司的股权，正说明了达能跨国联盟的战略用意在于利益	＋＋

注：＋的多少表示关系风险的表现强度，越多则表明关系风险的可能性越大越严重；×表示基本不会由此产生关系风险。

下面结合以上的三个阶段，作进一步分析。

1. 陷阱期

与中国的企业不同，跨国公司拥有丰富的国际合作经验，不仅从战略选择或是战术运用上，它们都具备更高的水平和实力，因此，完全有理由相信达能与娃哈哈的联盟是有备而来。从娃哈哈和达能开始接触到联盟的最终建立,现在回过头来看,达能一共设下了两个陷阱,而这两个陷阱正是双方目前最大的争议所在。

陷阱 1　股权陷阱

在合资公司建立初始,娃哈哈持股 49%,达能持股 41%,百富勤持股 10%,这中间看似娃哈哈是大股东,但实际上在合资协议签订时,这一方式已经改成了由百富勤与达能在新加坡组建的金加投资公司投入,形成娃哈哈占 49%,金加占 51% 的合资公司。那么为什么当时宗庆后明知道自己在股权上失利的情况下,还是同意了这一协定呢? 在 1997 年香港金融风暴过后,百富勤破产倒闭,并把自己持有的 10% 的股份在娃哈哈不知情的情况下转让给了达能,从而使得达能一跃成为娃哈哈合资公司的第一大股东。那么,百富勤是不是从一开始就是达能的一步棋呢,也就是说即便不出现金融危机,达能也注定是要成为合资公司的大股东?

为了解决这两个问题,就要从表 5-2 的分析中入手:

首先,达能作为一家世界 500 强的跨国公司,它 70% 的业绩来自于当地的领导品牌,而非自有品牌。这就决定了它在中国同样也是采取与中国的领导品牌合作的战略。从进入中国市场以来,达能分别与光明、娃哈哈、乐百氏、正广和、蒙牛、汇源等多家中国领先饮料企业合作,这中间还直接导致了两个知名品牌(乐百氏和正广和)的消失。因此,达能与娃哈哈合作的目的就在于获得更多的收益,特别是当达能诸多在华投资失败,而娃哈哈则越做越大的时候,娃哈哈对于达能的利益诱惑就更大了。正是控股权的获得使得达能在日后强制收购娃哈哈非合资公司的时候能够如此理直气壮。由此可见,股权参与量及联盟的战略判断是影响关系风险的重要因素。

其次,娃哈哈在联盟的初始就应该已经认识到双方力量在股权上的分配,但是为什么娃哈哈在当时不缺钱的状况下还是许可了呢? 这就涉及达能对于娃哈哈来说的价值问题。虽然说,宗庆后声称达能的进入是为了加快娃哈哈的发展,但是事实上对于他来说更为重要的是为了日后的 MBO 做准备,是为了实现从一家国有企业到合资企业的改变,因为通过资本运作可以使改制变得简单。而达能正是利用了宗庆后的这一需求,布下了一个让宗庆后现在想来后悔不及的陷阱。这一价值判断的扭曲间接地导致了达娃纷争的产生。

再次,百富勤在娃哈哈不知情的情况下将 10% 的股份转让给了达能,宗庆后在随后称之为陷阱,但这事实上却非也。因为宗庆后应当从一开始就已认清金加跟达能之间的关系,百富勤转让股份完全是达能计划之中的一步棋。所以

浙商研究

这个陷阱只能称之为宗庆后默认的陷阱罢了,或者说宗庆后明明看到了陷阱却大意忽略了。这家注册在新加坡的金加公司,其实在成立之初就被达能控股了70%,香港百富勤只控股了30%,这意味着达能从一开始就实际控制了娃哈哈,即使后来百富勤不把股份转让给达能,达能控制的局面也不会改变。从达能一个熟练的资本操作者的角度出发,百富勤的存在完全是它计划中的一个部分。从中能够认识到娃哈哈和达能今日的冲突并不能完全怪罪于达能的"阴险",宗庆后也应当为自己当初的利益选择付出代价。

陷阱 2　商标陷阱

早在 1996 年,娃哈哈和达能双方就签订了一份《商标转让协议》。由于明知娃哈哈的商标转让无法通过商标局的审核,达能就要求签署两个内容完全不一致的商标许可协议:一个送交商标局备案,另一个实际执行。送交备案的合同对中方没有限制性条款,而按照执行约定,娃哈哈集团将"娃哈哈"商标转让给合资公司,这就是广为流传的"阴阳合同"。

1999 年双方签订了《商标使用许可合同》来替代原来的《商标转让协议》。双方约定:娃哈哈集团同意向合资公司提供一个专有和不可撤销的权利和商标使用许可。正是根据这一合同,宗庆后及管理层在收购娃哈哈集团国有股权时,免去了商标使用权的相应出资比例,从而也埋下了与达能日后品牌之争的隐患。

按《商标转让协议》规定,娃哈哈集团已将娃哈哈商标使用权转让给了达能与娃哈哈成立的合资公司,未经外方同意,娃哈哈集团不得使用娃哈哈品牌单独生产销售相关产品。这一条款简单说,就是娃哈哈要使用自己的商标生产和销售产品,需要经过达能同意或者与其合资。但让宗庆后没有想到的是,合同中这一看似不经意的条款,却让娃哈哈在日后陷入了被动。对于这种做法,宗庆后曾经解释道:由于娃哈哈产品确定由合资企业生产,当对方提出来把品牌注入合资企业时,觉得很正常就一口答应了。事实上,这种做法是很不正常的。从全球角度来讲,把完整品牌从母公司剥离出来放到合资公司的做法极其罕见。

2000 年,根据娃哈哈集团的改制要求,原集团 100% 的持股方杭州上城区政府,将净资产的 54% 转让给以宗庆后为首的经营者和职工。其中,宗庆后本人出资 1.5 亿元左右,占 29.4% 股份;管理层及员工出资逾 1 亿元,占 24.6%。值得注意的是,在这次改制过程中,娃哈哈商标并没有被纳入资产评估的范畴。宗庆后也因此减少了自己购买企业产权的成本。

品牌,特别是知名品牌,是一个企业最核心的价值之一。跨国公司往往在中国的民族企业尚未有足够的国际经验的时候,通过控制品牌的手段来实现对合资公司的控制,最终导致品牌问题成了双方争端最为关键的地方。尽管双方合资,并先后建立了 39 家合资公司,但壮大后的娃哈哈与达能之间的合作显然并不愉快。

2.消极反馈期

问题 1　信任缺失

对于合资公司的建立,一方面,娃哈哈还是希望能够从达能这家全球领先的企业中获得一定的技术和管理经验;另一方面,宗庆后不想转变娃哈哈一贯的经营管理风格,更不希望因此丧失对经营的控制权。

从达能过往的表现来看,它在中国的自主管理显然是失败的,无论是它自主品牌的酸奶业务,还是收购的乐百氏,都出现了巨额的亏损。因此,娃哈哈显然无法相信达能的管理能力,所以达能派遣来"支持"娃哈哈的财务、研发、市场等人员均被宗庆后驱逐回国了,而对此达能则认为自己始终被排除在正常的经营之外。宗庆后说:"在十多年的合作中,达能扮演的是一个财富瓜分者的角色,而非一个善意的合作者和财富的共同创造者。"从娃哈哈和达能的表现来看,在联盟运营的过程中,双方在协作程度和组织行为上存在很大的分歧和问题,这些问题虽然不会直接导致关系风险的形成,却也是添油加醋,加剧了双方对彼此的不信任。

可以认为,在十多年的合作中,双方始终没有信任过对方:娃哈哈自始至终没有接受达能的团队,达能也从未提供过有价值的技术支持。相反,这种不信任逐渐在矛盾中升级,以至造成了如今的关系风险。

问题 2　项目否定

达能跟娃哈哈在项目上存在的巨大分歧是导致娃哈哈逐渐壮大非合资公司的一大原因:达能在瓶装水、非常可乐、投资西部等诸多投资问题上与娃哈哈唱反调,有些甚至要宗庆后以"分手"相威胁才使得项目得以启动。在娃哈哈得到达能方面诸多的消极反馈后,娃哈哈干脆不管达能,只要自己认为有把握的就做。结果娃哈哈的桶装水、非常可乐及一些新产品一炮打响,在高额回报下达能终于认可了,并从中获得了高额的利润。尽管达能认可了娃哈哈的经营,其收到的回报亦使其眉开眼笑,但它却认为娃哈哈与宗庆后是其不可控制的。

因此,在 2000 年,达能收购了娃哈哈最大的竞争对手——乐百氏,而这竟也是宗庆后牵的线。或许宗庆后希望达能收购了乐百氏之后可以减轻娃哈哈在相关领域的竞争压力,而事实则不然。达能正是在正面控制娃哈哈无望的情

浙商研究

况下,希望通过乐百氏实现对娃哈哈的控制,即加大其直接控制运营的乐百氏的发展,从而限制娃哈哈的发展,最终将娃哈哈并入乐百氏的平台。自从达能收购了乐百氏之后,两者之间的价格竞争加剧,使得娃哈哈瓶装水产品吨销售利润2001年即从2000年的165.02元下降到135.93元,当年造成利润损失3489万元,AD钙奶的吨利润2001年即从2000年的870.26元下降到760.75元,当年造成利润损失4879.5万元。而这也直接导致了乐百氏的巨额亏损。

通过这些事例可以发现,双方在联盟运营过程中根本没有协作可言,甚至到达了相互对抗的地步。这种低协作的行为使得联盟双方无法在联盟中培养感情上的联结,从而更加激化了联盟的关系风险。

3. 正面反击期

问题所在:非合资公司

在达娃合资的一开始,娃哈哈就总共拥有10家子公司,但是当时达能只看上了5家,因而当时的情况就是存在5家合资公司和5家非合资公司。在经历了上一阶段的痛苦后,宗庆后非常清楚达能不可能对娃哈哈放手,于是他将更大的力度放在了非合资公司上。在合资后的10年中,合资公司扩张到了39家,非合资公司也达到了35家,其中有26家为离岸公司直接投资。离岸公司投资的非合资企业中有10家发展迅速,产生了极大的效益,而这些利益正在转移。在这些离岸公司中,最大的一家是恒枫贸易,其董事长乃宗庆后之女宗馥莉。

在达能看来,宗庆后把利润高的产品如营养快线、思慕C等由非合资公司生产,把利润低的纯净水和果奶等由合资公司生产,独占了大量利润。而娃哈哈方面则认为所有非合资公司生产的娃哈哈产品实际上是被与达能的合资公司所许可的,因为所有非合资公司的产品在2007年4月份以前全部是通过合资公司的销售公司出售的,由达能委托的普华永道会计师事务所每年的审计报告的关联交易中将这些非合资公司的名称、销售的金额清清楚楚地进行了披露。

问题激化:达能强购非合资公司

此后,达能向宗庆后发出了警告,同时双方展开了谈判,希望将此事解决。谈判的目的就是达能希望可以收购娃哈哈的非合资公司,以便将之纳入整个合资公司的体系中。双方的目光集中点在于价格。在进行半年多的艰苦谈判之后,到2006年年底,双方的意见终于得到统一,那就是达能将以40亿元的价格收购娃哈哈近40家非合资公司51%的股权。但后来宗庆后反悔了,于是也就最终出现了2007年的达能强购事件。

2007 年 3 月,达能根据《商标转让协议》提出以 40 亿元收购娃哈哈所有的非合资公司 51％股权。4 月 11 日,法国达能亚太区总裁范易谋在上海的新闻发布会上表示,法国达能已给双方合资公司的董事发出一份"最后通牒",如果 30 天内法国达能提出的问题得不到回应,那么法国达能将以双方合资公司的名义,向合资公司之外的娃哈哈销售公司提出法律诉讼。

一直以来,达能亚太区总裁范易谋的诉求都很直接,希望收购非合资企业51％股份以解决利润转移问题。其实,他真正在乎的并不是非合资企业本身,而是这些企业往往以较高价格把产品卖给合资公司,从而占有了过多生产利润,造成利润分配不公。总而言之,达能最终关心的就是两个字——利润。当非合资公司表现出强有力的业绩之时,达能似乎觉得自己应该来分享这份利益。这个就是在绩效评估中所说的收益问题。当某一方认为收益分配不公的时候,就会产生关系风险,特别是在该联盟的目的在于收益的时候就显得更加明显。

对于达能来说,它所具备的最大优势就是契约,如果完全从法律的角度出发,它绝对具备发言权;但是娃哈哈或是宗庆后最大的资本是渠道,联销体是由他一手创立的,忠诚度非常高,另外还包括非合资工厂、公司员工以及部分产品,但娃哈哈品牌并不在他手中。达能唯一的底牌是合资合同,此外什么都没有:没有渠道,没有工人,没有控制力,因此,达能对于未来的展望肯定是通过和谈的手段来实现对这一部分利润的控制。

四、娃哈哈与达能不同阶段联盟的关系风险决定因素

根据上文的分析,可以把娃哈哈与达能在联盟过程中的关系风险的总体特征总结为四个方面:

(1)自始至终,经济类的关系风险始终主导了娃哈哈与达能联盟关系风险的形成,不论是第二阶段双方出于对共同利益的纠纷导致在商业决策上的不和,还是第三阶段达能由于认为"联盟分配不公平而做出的强制并购",其最根本的原因就是经济利益。同时,由于娃哈哈虽然在股权以及商标上处于劣势,但是对于团队资源以及供应链的控制决定了双方在资源上有着很大的差异,而这也直接导致了达能无法真正融入合资公司中。

(2)影响到联盟关系风险的诱因从联盟配置来看主要来自于两个方面:资源配置和组织配置。资源方面最核心的问题来自于两个问题:股权(决定了联盟双方所能够享受资源的差异)和品牌(非对称的联盟专有资源的投入)。这两个核心资源是达能与娃哈哈跨国联盟过程中最为决定性的因素,如果不存在这

两个诱因的话,那么双方就根本不可能发现今日所看到的各种矛盾和纠纷,即便有也会是完全不同的问题。

组织方面的关系风险也是跨国联盟关系风险的一大外在表现。之所以称之为外在表现,是因为组织类的问题一般来说并非最根本的冲突所在。综观达能与娃哈哈的组织融合,虽然达能希望能够融入到合资公司中去,但是却屡次受限于娃哈哈或是宗庆后的领导,从而导致了联盟出现了诸如文化差异度、行为模式、目标不相容等组织性的问题。

(3)资源和组织配置最终影响到了联盟运营中的利益分配。由于各方对利益分配的不同期望导致了利益分配又会反向地去影响联盟的配置,表现在案例中的就是达能强购娃哈哈非合资公司 51% 的股权,这是对联盟原有配置的重新调整,从而来均衡某一方对利益的要求。可见,跨国联盟是一个动态发展的过程,处于不断地战略调整、结构调整和利益调整过程中,这些调整有的是激化了关系风险,有的是缓和关系风险。

(4)联盟的存期,或者说联盟伙伴之间的关系联结,在跨国联盟的初期会一定程度地影响到联盟的伙伴选择。同时,伙伴之间的相互信任会促进联盟的健康运营,有利于联盟实现共同利益。但是,由于信任是一种长期发展的结果,是建立在长期的合作关系的基础上的。有些表面上的短期信任其实是很脆弱的,因为这种信任是建立在利益的基础上的,一旦利益破裂,信任也就缺失了。在达能跟娃哈哈的跨国联盟过程中,就一直缺失信任,这也是两者合作不愉快的原因之一。

第三节　东方通信与摩托罗拉跨国联盟
——关系风险向低位演化

一、背景提示

(一)东方通信

东方通信(以下简称东信)前身是杭州通信设备厂(简称杭通厂),创建于 1958 年,是直属邮电部的全民所有制骨干企业、中国邮电工业总公司的核心成员厂。1996 年成立东方通信股份有限公司。

经过 50 年的艰苦创业与不断探索,尤其是近年来充分利用改革开放的大好时机,依托科技与人才的优势,积极调整产品结构,自觉深化企业改革,企业已从一家邮电设备的修配厂一跃发展成为研制开发、生产经营移动电话手机和基站系统设备、光纤通信传输设备、激光照排设备、自动柜员机以及信息网络系统等多种现代通信产品的国有控股上市公司,也是中国移动通信产业中唯一同时发行 A、B 股的上市公司。

目前东信公司总市值约 100 亿人民币,拥有 1000 多名员工,其中大部分为高级工程技术人员。在中国通信产业界声誉卓著,其销售网络及产品服务维修网覆盖全中国。中国东信从 1992 年开始进入全国 500 家最大工业企业的行列,进一步成为中国通信产业的领导者,开拓了一条我国通信行业国有大中型企业可资借鉴的自强奋进、跳跃发展的成功之路。

东信公司主要的经营业务包括移动通信、程控交换、交电传输、激光照排设备及其配套产品以及计算机和通信网络终端产品的研制、开发、制造、销售、代理与服务,通信系统工程的设计、集成、施工、技术咨询与培训,经济信息咨询,经营本企业自产机电产品、成套设备及相关技术的出口业务,经营本企业生产、科研所需的原辅材料、机械设备、仪器仪表、备品备件、零配件及技术的进口业务(国家实行核定经营的 14 种进口商品除外),开展本企业的"三来一补"业务。

企业现有的主要产品品种有:

• 移动电话基站系统

这是 1990 年 12 月从美国摩托罗拉公司引进的高新技术产品,是无线、有线、交换、计算机等多种技术综合应用的结晶。该设备能组成蜂窝移动通信系统,实现用户随时随地进行通话。

• 移动电话手机

这是实现移动通信的必备产品,是从美国摩托罗拉公司引进的世界一流产品,包括有使用于 TACS、GSM/DCS、CDMA 制式的 10 个机型。

• 数字程控交换机

这类产品可广泛应用于工矿企业、机关部队和商业大楼,用以实现自动拨号交换电话。

• 采用 PDH、SDH 接入网的传输通信设备

• 激光照排设备

这是计算机编辑出版系统的关键输出设备,可广泛应用于新闻出版与印刷系统,以及精密、彩色、拓展印染业。

• ATM 自动柜员机的网络和钟端机

• 高速寻呼系统产品与工程

浙商研究

● 低速及高速寻呼机

目前,中国东信是中国信息产业部属下的企业,也是美国摩托罗拉公司在中国最大的合作伙伴,摩托罗拉在中国移动通信市场中出售的基站及手机大部分都是由东信公司所制造的。

迄今为止,中国东信已生产并销售了 100 多万台移动电话及 10 万余信道基站系统设备。在中国移动电话 A 网使用的基站系统中约有三分之一是由东信公司生产的。

东信公司的发展离不开对合作和技术的高度重视,其技术发展的特点是:从技术引进和跨国联盟入手,向合作伙伴学习,持续创新,不断提高企业技术能力。

(二)摩托罗拉公司

摩托罗拉公司是提供集成通讯解决方案和嵌入式电子解决方案的全球领导者。它创立于 1928 年,最早时生产整流器和车载收音机,在 20 世纪四五十年代不断发展壮大。60 年代摩托罗拉开始拓展海外市场,逐渐成为一个全球性公司。目前,摩托罗拉在全球共有近 14 万名员工,业务范围涉及无线通信、半导体、汽车电子、宽带、网络和互联网接入产品等。

摩托罗拉于 1987 年进入中国,首先在北京设立办事处,后于 1992 年在天津注册成立摩托罗拉(中国)电子有限公司,生产寻呼机、手机、对讲机、无线通信设备、半导体、汽车电子等,产品销售到中国和亚洲的其他市场。目前,摩托罗拉公司是中国电子领域最大的外商投资企业和美国在华最大的投资商之一。

摩托罗拉在中国不仅建立独资企业进行投资与技术转让、管理本土化、配套产品国产化等,选择本地供应商,并且帮助它们改进管理、提高效率和改善质量控制系统,甚至为它们与别的外国企业牵线搭桥,而且还积极广泛地与中国企业开展合资合作。目前在中国共有乐山—菲尼克斯半导体有限公司、上海摩托罗拉寻呼产品有限公司、上海众美汽车电子有限公司、华民智能卡系统有限公司、北京华民智能卡系统制造有限公司、杭州摩托罗拉移动电话系统有限公司、杭州摩托罗拉电话用户机有限公司等 7 个合资企业,生产从寻呼机、手机到移动通信设备和半导体产品等一系列高科技产品。此外,摩托罗拉还积极与中国的著名院校、科研院所和企业合作,在高新技术研究与开发领域进行一些合作项目。合作项目包括摩托罗拉和 NCIC 先进人机通信技术实验室、摩托罗拉大唐合作项目、摩托罗拉金鹏合作项目、摩托罗拉—清华大学半导体联合研究组、摩托罗拉—南京大学高级材料联合研究组、北京大学—摩托罗拉半导体联合实验室、清华大学—摩托罗拉嵌入技术教学实验室、广东工业大学—摩托罗拉单片机应用开发研究中心、清华大学—摩托罗拉单片机应用开发研究中心、复旦大学—摩托罗拉单片机应用开发研究中心等。

摩托罗拉在中国的发展是一个跨国公司实现全球化进程的典范,同时也是跨国联盟演化、向合作伙伴学习、持续创新、不断提高企业能力的过程的典范。

(三)东方通信与摩托罗拉建立跨国联盟的背景

东方通信的前身——浙江省邮电器材厂的成立标志着浙江省没有邮电的状态成为历史。20 世纪 60 年代初在我国最困难的时期,东信的创业者们从 3 路和 12 路载波电话终端机、16 路载波电报机、4 路特高频收发讯机、会议电话汇接台、防爆电话等新产品开始,填补了国家在这方面的空白。即使在"文革"中,东信的创业者还研制和生产出 960 路微波载波终端设备、晶体管 3 路载波电话终端机、电子管 3 路载波机、半导体载波电话终端机、新闻传真机等具有先进水平的各类产品,其中电话汇接台、3 路载波机还出口国外,并大受欢迎。到 70 年代末,电话汇接、调度、载波、特高频和激光照排机等一大批高新产品研制成功,特别是为我国发射第一颗通信卫星生产出了发射现场的主控制机,为东信的前期发展奠定了坚实的基础。到 80 年代末,改革开放使我国邮电通信事业超速发展,通讯技术主导范式的转变使得传统的通信技术和产品的市场份额日趋缩小,严重地约束了东信的发展,东信面临着技术装备落后、产品结构不合理、技改资金不足等突出问题。1988 年,在经过大量的市场调研之后,公司对市场前景做出了判断:随着改革开放的深入和国民经济的发展,我国的通信产业,特别是移动通信产业必然会有一个大的发展。然而,有关部门的预测却是:到 20 世纪末移动电话用户累计不会超过 20 万户。当时的东方通信资产不足 2000 万元,要一次投资 4000 多万元的项目,一旦产品不被市场接受,资金收不回来,风险可想而知。在机遇与风险并存的情况下,东方通信相信移动通信的潜在市场将远远超出人们按习惯思维作出的估计,而只要把握这一难得的机遇,树立"以市场为根本,以科技为依托"的技术创新观念,大风险一定能转化为大成功。

于是,一项足以改变企业命运的风险决策很快拍板:与美国摩托罗拉公司进行跨国联盟合作,从而拉开了东信的新一轮发展和一个跨国联盟演化成功的典范。

浙商研究

二、东方通信与摩托罗拉跨国联盟关系风险的演化

（一）第一阶段

1990年12月，东方通信与摩托罗拉正式签订首期蜂窝式移动电话技术引进合同，标志着双方建立了跨国联盟。

这一阶段双方之间的关系风险是很大的。双方采取的是适应战略，更多的是适应新的环境而不是去主动改造环境。因为是初次合作，双方彼此并不信任。摩托罗拉转移的技术虽然在国内是先进的，但对摩托罗拉来讲并不是最先进的技术，而且摩托罗拉竭力想保护自己的技术，仅仅签订技术转移合同，几乎没有员工之间的培训和交流。东方通信对这一新的合作者也是存有戒心，仅仅在某一方面与之开展合作，合作远远没有全面展开。而且此时的外部环境也是充满不确定性。在东方通信第一批组装手机投放市场时竟然卖不出去。通过对联盟的评估发现原因是当时的市场需求有限，而邮电部门进口蜂窝电话系统设备时捎带部分手机，使得本来就不大的市场近乎饱和。

众多联盟在这一阶段都走向了解体，但东方通信领导层坚持自己对市场的判断，认为手机的滞销只是一种暂时的表象，企业的创新战略不能动摇。既然用户可以在买基站时带手机，那么为什么不能考虑引进基站，把基站与手机一起卖出去呢？虽然初期的合作充满了困难，双方坚持自己对未来的判断，并抱有乐观的估计，因此联盟得以存续下来。

（二）第二阶段

这一阶段联盟采取的是改造战略，双方的合作更加密切，关系风险下降。因为通过前期的接触，双方对彼此有了初步的了解，彼此的戒心下降，合作意向更加强烈。东方通信与摩托罗拉签订了第二个引进蜂窝移动电话系统设备技术合同。正确的决策来源于正确的市场分析和超人的胆略。此时不仅引进的技术更加先进，而且东方通信自身的能力也得到了提高。为了更好地合作，摩托罗拉也乐见于东方通信能力的成长。当新的项目投产后，国内移动通信市场一下子火爆起来，东方通信当年销售额就突破4亿元，一步跨入全国500家最大工业企业行列。从此，东方通信走上了一条持续、高速发展的道路。

但此时双方的关系风险依然比较大，双方的合作还没有深入，摩托罗拉尚未承认东方通信为其在中国的合作伙伴的地位。双方也在暗中寻求其他可以

合作的伙伴。东方通信先后与德国西门子签约合作开发 ATM 自动柜员机;与以色列依赛公司合作开发传输设备;与美国泰立公司合作开发回音消除器;与加拿大建利尔公司合作开发移动寻呼系统设备;与美国得州仪器合作开发数字音箱、数字照相机;与美国 CA 公司合作开发通信网络软件。双方的关注点也不一样,摩托罗拉关注的是中国市场巨大的容量,而东信则关心的是摩托罗拉的技术和品牌效应,因为双方关注点不同,也造成了合作中的不小摩擦。东方通信曾向摩托罗拉公司提出了合资要求,以便解决企业资金短缺和加快技术转让的进程问题,但因摩托罗拉在海外没有这样的先例而搁置下来。因此这一阶段的关系风险也是不小的,很多联盟也在这一阶段趋向灭亡,但渡过这一阶段就会使双方的关系风险继续下降。

(三)第三阶段

在第三阶段,对于合资问题摩托罗拉态度有了较大的改变,它们积极要求合资、合作。就这样联盟得以继续存在并不断向前发展。在这一阶段联盟采取的是稳定化战略,关系风险进一步下降。经过前面的磨合和扩张,联盟开始了在中国稳定化发展的阶段。此时东方通信与摩托罗拉的合作进一步深化,东方通信公司的组织架构采用摩托罗拉的事业部制,虽然有所波折,但这一架构一直保存到现在。摩托罗拉除了转让技术外,与东方通信在员工交流方面也取得了长足的进步。此时的东方通信已成为中国通信产业的排头兵。由于成功实施了技术引进,企业已经成功地成为上市公司,自行筹集扩大经营规模的资金能力大大提高。在与东方通信的合资合作中,摩托罗拉公开确认了东方通信的战略合作伙伴地位。

三、东方通信与摩托罗拉跨国联盟关系风险演化路径的启示

东方通信与摩托罗拉的跨国联盟发展历程是联盟关系风险向低位演化的典型案例。在双方合作的过程中,联盟依次采取了适应战略、改造战略、稳定战略,联盟的关系风险也在逐步降低。关系风险的具体量化是比较困难的,而在这个联盟中可以通过东方通信能力的提升情况来刻画联盟关系风险的演化,因为在这个联盟中,东方通信是处于弱势地位的,一般来说只存在摩托罗拉抛弃东方通信的可能,而东方通信抛弃摩托罗拉几乎是不可能的。如果东方通信的能力提升,则说明其更有资格与摩托罗拉合作,而且在联盟中的地位也会提升,不会完全受制于摩托罗拉;另外,东方通信能力的提升也说明摩托罗拉向东方

通信转移的技术更加先进,是其合作深入的表现。因此在这个联盟中可以通过东方通信能力的提升来刻画联盟关系风险的演化。表 5-3 所示是东方通信能力的演化。

表 5-3　东方通信在跨国联盟进程中能力的提升

产品技术	运作管理支持采用	R&D 研究合作学习	R&D 研究产生创造
成熟技术	第一阶段(学习、评估、调整)		
新技术合作		第二阶段(学习、评估、调整)	
技术创新			第三阶段(学习、评估、调整)

通过对东方通信和摩托罗拉的三阶段的跨国联盟演化进程的分析,可以明显地看出东信在这过程中的能力提升,从这个角度也可以得出联盟关系风险降低的结论。

适应战略、改造战略和稳定战略虽然是离散的变量,但关系风险的演化是连续的。它们之间并不存在矛盾。战略的转换并不是跳跃式的,而是逐步进行的,当积累到一定程度后,联盟会正式由一种战略转为另外一种战略,而在这个过程中关系风险不断地进行演化。因此总体上可以得出以下结论:联盟采取的战略种类是影响关系风险的重要因素,不同的战略会带来不同的关系风险,适应战略—改造战略—稳定战略的演化是关系风险向低位演化的关键。其实这种战略演化路径是联盟不断学习和改进的过程,只要不断地学习与改进,联盟就会更好地合作下去。可以通过图 5-5 来表示这种学习与改进。

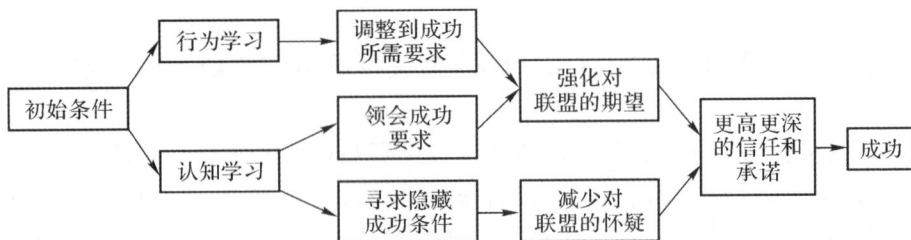

图 5-5　不断地学习和适应带来联盟成功的演化

对于合作任务复杂度、合作双方公平度、合作伙伴差异度、机会主义行为等因素本部分未做研究,而将在下文与波西联盟对比的案例中进行说明。

第四节 波导与西门子跨国联盟——关系风险向高位演化

一、背景提示

(一)波导

宁波波导股份有限公司位于浙江宁波市,公司创立于 1992 年 10 月,注册资金 1.6 亿元,是国内最具挑战力的专业从事移动通讯设备及终端产品开发、制造和销售的高科技上市公司。公司主要产品有移动电话、掌上电脑、系统设备等。

公司科研实力雄厚,具备国内一流的手机研发水平,在全国设有 6 家研究机构,拥有以近 200 名硕士或以上高学历人才为主体的科研队伍,并成立了宁波市首家企业博士后科研工作站。波导通过与北京大学、浙江大学等高等学府联合办学等方式积极培养后续高级科研和管理人才。

公司视产品质量为生存、发展之本。公司通过 ISO9001 质量管理体系认证,目前正积极推进 ISO14001 环境管理体系认证,在公司内部广泛推行"品管圈"体系。在全体员工的努力下,波导荣获"中国手机最佳用户满意品牌奖"等多个奖项。

公司拥有覆盖全国的营销动力网,包括 41 家销售分公司、300 多个办事处、15000 多家经销商,近 5 万个零售终端。2000—2002 年,公司连续三年在国产品牌手机中保持产销量第一;2002 年,波导手机产销量在国产品牌中累计率先突破 1000 万台,跻身世界第一方阵,仅次于摩托罗拉、诺基亚,位居国内市场销量第三,被信息产业部下属 CCID 评为 2002 年度成功企业。

公司一直致力于客户服务网络的建设和完善。公司已经建立了 30 家一级客户服务中心、400 余家二级客户服务中心和 1600 余个县级客户服务维修站,通过大规模实施客户回访和信息中心服务,大力推行"5S"温馨服务,同时建立了三级客户服务工程师的考核制度。

国际化的发展策略是波导进一步发展的重要保障。波导成立国际业务部,与法国萨基姆合资组建宁波波导萨基姆电子有限公司。占地 1000 亩的新工业园建成,公司手机年产能达到 2000 万台。

　　管理模式的探索也是波导坚持的要务之一。转产手机伊始,波导率先采用自主营销的通路模式。公司一直提倡"为公司作出重大贡献的人就是公司的主人",并在全公司范围内推行"有限员工持股计划"。公司重视信息工程建设,EMIS 信息管理系统的实施为公司构架了信息管理的桥梁,提高了公司的运营效率。

　　丰富的产品矩阵是波导手机销量快速提升的基础。波导保持市场流通的机型近 30 款,产品高、中、低档全线覆盖,主要产品系列有 GPRS 系列、CDMA 系列、PDA 系列、彩屏系列、V 系列、哈 Q 族、女人星等。波导在手机行业率先推出"信息宝典"服务,打造具有波导特色的移动信息终端,用户只要通过信息点播就可以立即获得体育、新闻、天气、财经、股票、彩票、手机银行等服务。

　　波导始终坚持"聚集天下英才,主攻移动通讯;勇于开拓创新,争创国际名牌"的发展战略,依托自身优势,广泛接纳、吸取外界成功经验,为"服务于人类完美沟通的通讯精英"而努力,打造"中国最具挑战力的移动通信终端制造商"。

(二)西门子

　　总部位于柏林和慕尼黑的西门子公司是世界上最大的电气工程公司和电子公司之一。自从公司成立以来,可持续性就一直是西门子公司的显著特征。在西门子,可持续性意味着长期的经济成功以及一个好的企业公民所应具备的环境意识和社会责任感。2005 财年(截至 9 月 30 日),公司在全球拥有大约461000 名雇员,实现销售额 754.45 亿欧元,净收入 30.58 亿欧元,其中 80% 的销售额来自德国境外。

　　西门子是一家大型国际公司,其业务遍及全球 190 多个国家,在全世界拥有大约 600 家工厂、研发中心和销售办事处。公司的业务主要集中于六大领域:信息和通讯、自动化和控制、电力、交通、医疗系统和照明。西门子的全球业务运营分别由 13 个业务集团负责,其中包括西门子财务服务有限公司和西门子房地资产管理集团。此外,西门子还拥有两家合资企业——博世—西门子家用电器集团和富士通西门子计算机(控股)公司。

　　西门子在电气工程和电子领域拥有完善的业务组合。西门子的业务活动受到各种地区和行业因素的影响。除了国际性业务(如发电、输配电、医疗系统和交通技术集团,这些业务一般拥有较长的业务周期)之外,其他领域的业务(如通信集团和欧司朗的消费品业务和自动化与驱动集团的资本品业务)易受短期商情趋势和当时经济状况的影响。良好的业务组合帮助西门子从容应对艰难商业环境带来的严峻挑战。此外,西门子的业务领域还能充分体现未来发展的大趋势。目前,西门子正在研发新的解决方案,以迎接未来来自卫生、能源、水处理、通信、交通、安防、物流和自动化领域的挑战。

作为一家全球性公司,西门子充分发挥其多种业务组合的协力优势,以公司总体战略为指针,架构明确,职责分明,积极为当地创造价值。公司的传统优势在于其创新能力、客户为本、全球性业务以及财务实力。

对于一家电气工程和电子领域的世界级公司而言,创新是其首要工作。为了保持技术的领先,公司在研发领域投资 52 亿欧元。西门子的研发人员共实现了约 8800 项发明,其中三分之二申请了专利。在专利领域,西门子在德国高居榜首,在欧洲名列第二,在美国则跻身十强行列。在西门子近 47000 名研发人员中,大多数从事软件项目的开发,这使得西门子成为世界上最大的软件研发机构之一。西门子还致力于不断增加其服务、解决方案和系统的种类,以进一步完善其产品组合。

西门子透明、负责的管理和监控体系是公司实现持续性增长的保证,同时也是西门子及其业务政策赢得和保持信誉的必不可少的条件。西门子一直非常重视尊重和保护股东的权利,总是及时、毫无隐瞒地向他们提供公司的信息,以确保公司管理委员会和监事会之间的密切合作,并且西门子还始终坚持遵守国际和各国的法规法则。作为一个优秀的企业公民,西门子还致力于帮助提高业务所在国人民的生活水平,支持年轻一代的教育和培训,缓和社会问题和弘扬当地的艺术文化。

西门子拥有 90 万多名股东,是世界上最大的上市公司之一。公司超过55％的股本募集于德国境外。从 2001 年 3 月开始,西门子股票在纽约证券交易所(NYSE)挂牌交易。

西门子的中国业务是其亚太地区业务的主要支柱,并且在西门子全球业务中起着越来越举足轻重的作用。西门子的全部业务集团都已经进入中国,活跃在中国的信息与通讯、自动化与控制、电力、交通、医疗、照明以及家用电器等各个行业中,其核心业务领域是基础设施建设和工业解决方案。西门子是中国经济不可分割的一部分,致力于成为中国完成主要基础设施建设和工业现代化的可信赖的合作伙伴。目前中国正在使用的一些最先进的技术都出自西门子。西门子技术能够为中国提供经济、高效和环保的能源;快速、安全、舒适的公交系统;可靠、高速、成本低廉的通讯;以及快速、精确和有效诊断与治疗的医疗设备,以及帮助各个工业领域提高产量、效益和竞争力的自动化解决方案等。

时至今日,西门子在中国已经建立了 28 个地方办事处和 40 多家合资企业,长期投资总额超过 54 亿人民币(约 6.55 亿欧元)。西门子是在中国投资的最大外商企业之一,拥有 21000 名员工。为了保持良好的成长势头,西门子将继续在中国增加投资,并大力推进本地化进程,不断加强本地研发,增加本地工程项目实施,提高本地采购和增进本地管理水平。

(三)波导与西门子跨国联盟背景及历程

2004 年 5 月,西门子与波导在德国柏林签署了建立长期战略合作伙伴关系的谅解备忘录。西门子享有波导在中国的销售渠道,而波导则在技术上享受西门子的服务,更重要的是波导可以利用西门子的渠道进而开拓国际市场。

西门子在经历 2003 年的辉煌后,其手机业绩一度下滑到令人尴尬的境地,不得翻身。而当时,国产手机风生水起。西门子希望在中国市场建立密集的销售渠道,来扩大自己的销售份额,走出低谷。而此时,走农村包围城市路线的波导,在其巨大的产能无法被国内市场容纳的前提下,也将目光转向国际市场。

双方一拍即合。2004 年 5 月初,西门子与波导签署了建立长期战略合作伙伴关系的谅解备忘录。根据这个备忘录,西门子享有波导在中国的销售渠道,波导将在其遍及全国的 3 万家零售终端同时销售西门子手机;西门子则在技术上给予波导一定支持,同时西门子承诺花 500 万欧元和波导共建渠道和专卖店。同时,波导将凭借西门子在国际市场的优势,帮助波导手机开拓海外市场。对于这次合作,双方最看重的就是国际市场的拓展。

然而,西门子与波导的跨国联盟最终以失败告终,波导非但没从联盟中获得期望的收益,而且还陷入了相当被动的局面。2005 年 6 月 7 日,明基成功地收购了西门子的全球手机业务,波导西门子联盟告终。随着明基收购西门子全球手机业务的结束,西门子手机在全球一夜之间消失,明基则成为继诺基亚、摩托罗拉和三星之后的第四大手机厂商,而波导却没有任何收获。

双方的合作落下帷幕,受苦的是波导。波导副总经理戴茂余表示,当初建立西波联盟时,西门子要花 500 万欧元建立渠道和专卖店的承诺还未兑现,由于这是一个渐进式的投入过程,目前只有少量现金兑现。对于具体金额,戴茂余表示不便透露。至于未来西门子是否会继续投入,戴茂余表示双方还没有商谈。

二、波导与西门子跨国联盟关系风险向高位演化的分析

联盟走向失败并且最终解体是关系风险向高位演化的结果,可以运用本书提出的合作伙伴差异度、合作任务复杂度、合作伙伴公平度以及机会主义等方

面来进行分析。

从合作伙伴的差异度来看,从前文对波导和西门子的介绍可知,西门子是世界级 500 强公司,拥有国际先进的技术和管理理念,而波导只是国内的一家中上水平的公司,双方在基本面上存在极大的差异,这是双方不易合作的一个重要原因。在合作的技术层面上,西门子在中国手机业务方面一直走低端路线,在软件协议和硬件芯片设计上并不具备核心能力,西门子手机用的也不是西门子的芯片,而是从西门子独立出去的英飞凌的芯片。而在第三层面,波导的设计的理念甚至比西门子更贴近快速变化的本土市场,成本控制能力也更强。西门子技术优势在于第二层面,但是波导凭借目前的实力不用与西门子合资,也可以慢慢积累起来。因此,双方在技术方面的合作有限,波导的实质性收获并不多。双方合作的意图也存在着天壤之别。西门子合作的意图主要是获取市场,众所周知,西门子在我国及世界其他市场上的业绩都江河日下,已难居世界手机第一阵营。西门子虽然进入中国市场比较早,但其手机业务一直走省级总代理的路子,主攻中心城市,再加上大部分产品定位在中低端,导致产品定位与目标市场定位错位,随着二三级城市逐渐成为手机消费的主战场,渠道扁平化和深耕成为趋势。西门子必须顺应趋势,使其渠道更加贴近目标市场。波导是连续四年蝉联国产手机市场产销量第一的品牌,波导 41 家分公司、400 多个办事处、约 6000 人的销售大军构织的"中华第一网",让西门子垂涎三尺。西门子除了是看中波导的"中华第一网",还有就是从战略上讲,西门子要充分地利用"中国工厂"的廉价劳动力,发挥中国制造的比较优势,为全球其他市场提供低成本的产品,波导在产能上可以帮这个忙。以波导新园区现有的产能,年产 2000 万台绝对没有问题。西门子要在国际市场上与摩托罗拉、诺基亚等手机巨头竞争,也必须保证总成本领先,通过波导 OEM 可以经济地解决这个问题。波导合作的意图主要在于西门子的技术和品牌效应。更深层次的原因就是波导要找一家企业一起养活自己的"中华第一网",长期研究波导的专家告诉记者。"波导的情况也不是外界想象的那么好。"业界这位不愿意透露姓名的专家说,"波导进军手机行业,从规模上看,的确取得了一定的成功,发展也很快,但是从净利润率和股票的收益上来看是不成功的。其中一个重要的原因就在于波导的低价策略,且销售网络太大,难以控制,成本过高。"从历史和现实看,波导的销售网络的确成就了波导,但在一定程度上也是造成波导利润较低的主要原因之一。波导的净利润率只有 1.86%,不及 TCL,更不及夏新,主要原因就在于低价策略和销售费用太高。在手机行业,波导惯用价格竞争利器,不惜利润,屡次扮演"价格屠夫"的角色,这是有目共睹的。销售费用的庞大更是有

浙商研究

据可证。2003年上半年波导的销售分公司由原来的28个扩展到了41个,办事处也由300多个增加到400多个,销售大军自然也由5000人增加到6000多人。波导号称有3万个销售店(也就是其在各地的专柜和专区),这样编织起来的"中华第一网",对人财物的要求可想而知。"中华第一网要破了怎么办?"这个问题确实很严重,要知道这可是波导赖以生存的基础,一旦这个网络难以支撑,破网何以网鱼?因此,波导绝对不允许这个网络瘫痪,必须把它支撑起来,并继续使其发挥作用。但是,以波导现有的营业额和利润率实在难以把这个网络养肥。41家分公司、400多个办事处、约6000人的销售大军,需要的费用绝对不小,并且还不能停留在仅仅使其吃饱穿暖的"温饱水平",还必须使他们能够获取可观的利益,过上"小康生活"。其实波导就是想通过与西门子的合作使自己的渠道增值。尽管波导掌门人徐立华不承认波导是西门子手机的中国包销商,但事实上其扮演的就是这个角色。通过合作,波导可以赚取利益来养活自己的销售队伍,也保证让自己的销售人员有利益可赚,从而可以继续支撑这个波导人引以为自豪的"中华第一网"。

从合作任务的复杂度来看,波西联盟的合作任务有三个,对波导来说是获取西门子先进的技术以及海外营销市场;对西门子来说是借用波导的中国销售渠道。这三个任务对这个联盟而言都是比较难以实现的。技术合作方面,事实上,波导一直和西门子进行着技术上的合作,这个时间大约已经两年。但据波导研发人员透露,对这个技术合作波导并不是很满意,原因在于西门子芯片供价过高,平台合作也一直不愉快,双方一直不能就合作达成共识。直到现在,波导与西门子技术上的合作仍旧没有实质性的进展。所以即便是确立了"战略伙伴合作关系",西波在技术上的合作可能仍然只止于现在的层面,难以过渡到实质性阶段。其实在手机平台上,波导还一直与萨基姆、摩托罗拉、菲利浦和博通(Broadcom)进行着合作,这其中与萨基姆的合作最深,已有三年的时间,可以说是全方位的。西门子在技术上不会对波导有太大的帮助,顶多就是在底层协议、文件系统上给予一些帮助,而不可能进行到波导与萨基姆合作的层面(建立合资公司)。波导基于西门子平台开发的手机所占的比例很小,而且基于西门子平台开发的手机有问题,波导倾向于用摩托罗拉的平台开发。在海外营销市场方面,西门子真的能为波导提供海外销售网络吗?如果有,也主要应该是欧洲市场,至于其他市场,西门子给的应该更多的是经验上的帮助,难有实质作用。说西门子帮助波导销售主要应该是波导为西门子代工(OEM)。对此,徐立华也坦言在亚洲市场更多的应该是靠自己,在其他市场波导手机会以"西门子"的名字出现,正如波导的手机在法国以"萨基姆"的名字出现一样。说到底,西门子对波导海外销售的帮助，更多的是使波导沦落到为西门子代工的角色。至于西门子对波导销售网络的利用也存在众多的难处，西门子竞争的对象其实包括波导在内，尽管徐立华一再说两家产品的市场定位是错开的，不会直接竞争，但是从市场现有产品来看，两家都有高中低端机，且都以 1500 元左右和以下的中低端机为主，竞争是不可避免的，而且从消费者的认知上来看，西门子绝对占优。这个问题聪明的德国人肯定心知肚明。从这个意义上说，西门子有"以夷制夷"的目的。但是，今天西门子看到的波导这个"天下第一网"的竞争优势，如果明天变成了"普遍优势"，西门子会不会如当年遗弃大唐一样移情别恋呢？（西门子曾经抛弃大唐，并与华为在北京建立合资公司，以拥有大量 TD-SCDMA 核心专利占 51% 的股份）。前车之鉴，不可不借。波导不会不注意这个问题。

对于合作伙伴的公平度，主要可从波西联盟中双方投入收益的比较来分析。首先，西门子对联盟的投入是明显让波导不满意的。西门子承诺对联盟的投入有什么呢？员工培训、1000 万欧元的渠道建设费、海外销售网络，还有就是一致看好的技术。海外销售网络和技术前面已经分析过了，而员工培训中心是西波双方共同组建的，这个算不上什么投入。至于 1000 万欧元的布店费则是由西门子分期自己投入的，再说这是西门子应该为销售店（点）做的投入，怎么能说是给波导的呢？还有就是谁也不能保证这次合作不会出现什么波折而导致 1000 万欧元不能到位。波导利用自己的网络销售西门子的手机也是出工不出力，导致西门子的手机销售并不理想，西门子对此也是强烈的不满。

从机会主义的角度来看，波西联盟在组建的初期就遭到了解体，而联盟建立初期的机会主义是最大的。在跨国联盟建立初期，占主导地位的信任是基于计算的信任。联盟各方的信任程度是基于其他方破坏共同协议后受到惩罚的成本和维护共同协议所带来的收益的分析。信任度取决于收益与成本之间的差额。波西联盟双方在联盟建立初期就签下了协议，主要有 3 项内容："波导股份可以全面采用西门子的手机技术；波导股份在全国的 3 万多家手机销售店同时销售西门子品牌的手机；双方共同开拓其他电子市场和国际手机市场。"由于缺乏相互了解，双方建立了严格的控制机制，在协议的 3 项主要内容下包括了许多具体实施措施，以保证协议的执行，防止联盟成员出现机会主义行为，损害另一方利益。由此可见，在跨国联盟建立的初期，控制机制在规范联盟各方的行为上起着主要作用。控制机制指的是联盟内各企业必须遵守的规章制度和奖惩条例的总和，让联盟伙伴对今后的合作产生信心。但是，波西联盟运作 1 年多以后，在 3 项合作内容上真正有进展的就是波导股份在其国内渠道销售西门子手机。到 2005 年下半年，波导的专卖店已经很难见到西门子手机的身影

浙商研究

了。而在联盟合作协议的另外 2 个层面上,双方还未展开实质性的合作。随着 2005 年 10 月明基收购西门子的手机业务后,波西联盟遭遇了空前危机,甚至已经名存实亡。由此可以看出,无论跨国联盟的控制机制多么完善,联盟各方在初始阶段的信任度仍然是有限的。一方给予另一方多少信任完全取决于另一方实施机会主义行为时所得到的收益和所付出的成本之间的差。投机的获益大于可能受到的惩罚时,实施机会主义行为的可能性就大大增加,这时联盟伙伴之间的信任度就很低。

三、波导与西门子跨国联盟走向解体的启示

波西联盟失败的案例进一步说明了合作伙伴差异度高、合作任务难度大、合作双方之间存在不公平、机会主义行为盛行会导致关系风险向高位演化,容易导致联盟的失败。东方通信与摩托罗拉的跨国联盟之所以能够克服解体的危险,除了采取正确的战略以外,合作双方对上述四个影响关系风险演化因素的重视也是重要的原因。这点可以通过图 5-6 说明。

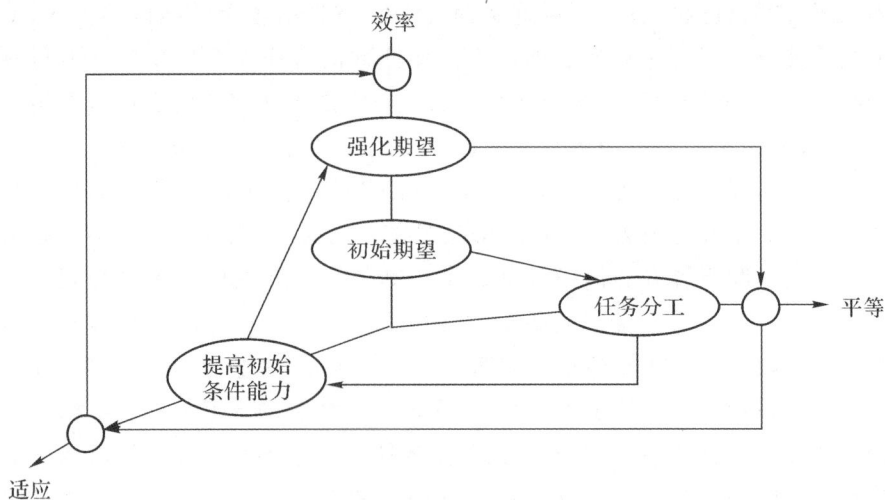

图 5-6　东方通信与摩托罗拉跨国联盟对影响关系风险演化因素的重视

图 5-6 中平等解决的是合作伙伴间公平度的问题,适应解决的是合作双方差异度和任务复杂度的问题,效率主要解决的是任务复杂度的问题,整个框架可以有效抑制机会主义行为。因此,东方通信和摩托罗拉的跨国联盟通过内部机构的设置有效地使关系风险向低位演化。

本案例中没有考虑联盟战略的影响,因为波西联盟仅仅存续了一年,谈不上战略的转换。但刚刚建立的波西联盟采取适应战略,双方在较浅层次上合作,彼此信任度不高,很快走向失败。这也验证了本书适应战略关系风险比较大的观点。

第五节　本章小结

本章选取了四个联盟案例,分别是正泰集团、达娃联盟、东方通信与摩托罗拉跨国联盟以及波西联盟。前两者主要是为了分析浙江企业跨国联盟关系风险生成机制,着重分析了在两种形态(契约式联盟和合资)下跨国联盟关系风险的表现;后两者分别用来验证关系风险向高位演化和向低位演化两种机制,其中前者存在 20 多年,是联盟向良性演化的典型,而后者存在的时间不到两年,是联盟向恶性演化的典型。

通过对后两个案例的分析,得出:

(1)当承受曲线之内的点向承受曲线移动时,关系风险向低位演化。虽然合作任务复杂度或合作伙伴差异度增大,但关系风险会下降;当点在承受曲线上移动时,关系风险不变。此时合作任务复杂度和合作伙伴差异度的作用相互抵消;当承受曲线之上的点向承受曲线之外的方向移动时,关系风险向高位演化。此时合作伙伴差异度和合作任务复杂度都在增加,而且带来的收益小于成本;当承受曲线之外的点向承受曲线移动时,关系风险向低位演化。此时合作任务复杂度和合作伙伴差异度都在下降,而且减少的成本要大于减少的收益。

(2)机会主义行为盛行的联盟,关系风险会向高位演化;机会主义行为得到抑制的联盟,关系风险会向低位演化。

(3)合作伙伴公平度上升,关系风险向低位演化;合作伙伴公平度下降,关系风险向高位演化。

(4)根据不同的内外部环境选择合适的战略,及时进行战略转变会使关系风险向低位演化,其中适应战略到改造战略再到稳定战略,是关系风险向低位演化的关键条件。战略选择失误,不能及时的进行战略转变会导致关系风险向高位演化。

第六章

企业跨国联盟关系风险控制及启示

第一节　企业跨国联盟关系风险控制机制

　　在前文中已经就跨国联盟关系风险的生成机制和演化机制做出了详细的分析：一方面从细化、形象化的角度入手，全面而又系统地分析了影响关系风险的各种生成因子，并利用专业统计软件对问卷数据加以分析，实证地检验了各种影响因子；另一方面，从提炼化的角度入手，总结概括了几类影响关系风险演化的因素，分析了关系风险高位演化和低位演化两种模式，同时借助承受曲线混合分析了各种因素对关系风险演化的作用影响。对于生成和演化两个方面，都用浙江企业的典型案例加以分析，实现了理论与实践的较好结合。

　　在完成了上述所有的工作后，针对企业跨国联盟可能面对的关系风险，还需要从控制入手，研究如何能够使关系风险最小化，或者说如何来应对关系风险的产生。这就是这一章所要解决的问题。

　　在跨国联盟的日常运行中，跨国联盟的管理者在处理联盟事务中可针对关系风险的影响因子选择相应的控制机制。这些控制机制唯一的特点是它们都是为限制伙伴机会主义而设立的，包括监控、预算、参与决策组成（Das，2005；Das and Rahman，2001，2002）。但是需要强调的是，这些影响因子并不是独立起作用的。正如前文所分析的，在联盟的不同阶段、不同联盟形式中，各影响因子的权重是有所不同的。在联盟中，监控是通过观察联盟成员的活动来探查伙伴机会主义行为信号的。如对联盟前景的预期、投入/产出的衡量比较模糊时，严密监控也可以很好地识别偷懒行为。同时，联盟管理经验丰富的成员可以较为充分地预知或估算联盟运行中的各项预算，因而，在联盟中，预算将资源分配给联盟成员以使他们执行已计划好的任务。预算从财政上限制了伙伴的浪费行为。在特定的预算限制内,极低的绩效表现是可被预知的,虚报或者不符合标准的交易都是很容易被察觉的。因而,在联盟中预算可以有效地对追求私利的伙伴行为进行监控。作为一种控制机制,参与决策指的是让联盟中所有成员的代表参与与联盟有关的如联盟目标、维护、运行、绩效等问题的决策。特别是在关系嵌入度不够、文化差异明显的初级联盟运行阶段,参与决策为联盟成员之间的文化价值观、相互理解、交流提供了途径。进而,当成员共同决策时,成员对不公平的感受可以很快被反映出来。从以上分析看出,参与决策将会减少伙伴的潜在机会主义行为。Das 和 Teng(2001)指出,对于联盟中存在的风险,特别是关系风险的规避主要依靠信任和控制,单纯地依靠其中的一个是无法有效规避的,其中信任中的善意信任、控制中的成果控制和社会控制对关系风险的作用较为显著。下面从企业层面和宏观层面分别对控制机制做出分析。

一、关系风险正式控制机制

威廉姆森(1985)认为:如果不存在机会主义行为倾向,交易双方通过承诺、信任及相互适应就能达到协调的目的。在这种情况下,保障措施是多余的,而且如果需要较大的花费,人们根本就不会采用这些措施。机会主义和有限理性的结合才凸显治理结构选择的重要性。

机会主义只能作为一个环境的内生因素。这也就意味着,社会经济制度、体制、组织形式、文化环境、风俗习惯都会对人的行为特征带来影响。人的特征和行为特征不仅仅只是利己的一面,而且,还具有人际交往中的相互信任、相互合作的一面。由于制度和规则的约束,人和人之间以及组织和组织之间(如企业与企业之间)就会存在有分工协作、竞争和合作的关系,因而如果能设计或构建一种有效的制度、规则或组织,就有可能避免人性中机会主义的一面,那么呈现在人们面前的将是信誉、合作和利益的双赢或多赢。

(一)信息获取障碍中的最优激励合同设计

跨国联盟组织间的一个关键问题是它的协调机制。在组织管理理论中的一个共识是,人是具有有限理性并且天生具有机会主义倾向的。因此,在人管理下的任何组织,都会因为决策人和执行人之间的利益取向不同,而导致各种道德风险和逆向选择的发生。同时,也会因为决策者的有限理性而产生外部不经济行为。而任何外部不经济的存在都更多地体现为是一种制度缺陷。因此,在企业组织的组织成本中最大的支出是用于管理风险、监督和克服机会主义，以及为正效应而设计适当激励合同的成本。管理层之间由于权力分配而产生的讨价还价以及由此引起的组织内部的冲突和协调则表现为是另一种成本的支出。Richardson(1972)认为在企业间出现的组织合作需要一种计划安排的协调作用机制。联盟组织的协调机制是依赖于计划和市场而共同作用的，相对于层级组织计划调节为主导调节机制，联盟更偏重于计划安排下的市场调节。有计划的市场调节机制包括：授权管理机制和利益制衡机制。联盟成员在授权管理机制下实现资源(信息、技术、渠道等)共享，其中市场或者是渠道的共享是组织间资源矛盾的焦点。这时候因为某些联盟成员总是避免与他人共享市场，而又总是希望能够更多地占用和侵占他人的市场，这导致了联盟成员之间的严重冲突，使得联盟经常面临机会主义的侵害，处于一种高关系风险之下。在这种情况下，联盟组织就会在内部首先制定一套由市场调节的利益制衡机制，这种机制的一个特点是回到价值规律的作用形式上，对组织间的资源给予公平的价值评估。

(二)预防企业机会主义行为中"偷懒"的机制

企业间的合作必须满足以下两个条件才能进行：一是企业间有合作的动机；二是要有对参与者的约束机制。

将关系风险根源对象锁定为伙伴机会主义行为，并将其定义为：合作伙伴出于追求自身利益的动机、带有欺骗性的一种损人利己的行为。这种行为这是导致联盟关系风险的根源所在，其主要包括行为、动机、追求自身利益、欺骗、损人利己等因素。因此，在联盟中，应建立起相对公开的监管、处罚机制，使机会主义行为的代价是昂贵的违约成本，只有合作才是利益所在。因而，在成员之间的信任还未完全建立起来之前，该机制能保证很好的实现联盟的目标。

二、关系风险非正式控制机制

(一)程序公平与关系风险控制

为了克服信息不对称和信息不完全带来的关系风险，本书将在 Luo(2008)分析的基础上将公平理论引入跨国联盟的关系风险分析中。程序公平理论中强调的群体或者是社会规范标准如公平、尊重、利他主义、恩惠等在联盟演化过程中的冲突解决、知识共享等方面发挥着重大的作用，强调的是程序的公平性的作用。联盟中的程序公平指的是联盟中的成员企业所感知的联盟决策制定和执行过程是无偏的和公平的。这个定义与通常的定义具有以下几点不同：(1)联盟的所有成员都认为联盟的程序公平，而非联盟中的某个成员，因为不同公司的管理层对公平的感知存在差异。(2)所定义的公平是指决策所参照的标准和过程是无偏的、具有代表性的、透明的、正确的、合理的，与联盟成立之初所订立的契约是保持一致的，为了建立公平，成员之间应该建立双向的联系，要相互尊重。(3)联盟成员是这些领域中公平的裁判，每个成员负责对决策的制定和执行进行观察、引导、评估(Luo,2001)。程序公平通过在具有经济和社会交换特性的环境中增强关联(关系)价值和减少关系风险。程序公平引导联盟成员在相互交流过程中的行为和对联盟的付出，经常被用来判断每个成员的可信赖度和贡献度，特别是在不确定的环境中。因为联盟成员既没有足够的与其他成员可信赖度相关的信息，也无法保证它们在联盟中最终收益，因此求助于程序公平来确定它们对联盟的贡献度是很必要的。由于关系风险和不确定使得联盟最终的清算很难预知，因此程序公平成为公司间合作得以进行的保证(Luo，2005)。联盟在运行中面临着外在不确定性和内在的不确定性：外在的不确定性一般是和联盟的绩效风险相关的；内在不确定性一般是与关系风险相关的。内在的不确定性来源于文化上的冲突、目标的不相容、非对称的贡献度以及治理和管理组织间关系的内在的困难等(Tallman and Shenkar，1994)。公平的作用是通过移除对开发型活动的担心和展示对伙伴的权利和尊重来创造联盟价值的。

程序公平可以作为公司间长期合作的一块基石之一。公平理论将程序公平作为信任和承诺的一个重要的资源(Brockner，2002)，它将更加深入地分析公司间的合作从而解决合作过程中的关系风险。公平是企业之间往来过程中减少风险的重要因素。Brockner(2002)证明程序公平能促使成员更好地接受共同的目标和价值，加强成员对组织的忠诚度。Shapiro 和 Brett(2005)认为程序公平(包括在决议之前，成员有机会提出他们自己的观点)让合作伙伴相信他们的成果是可以免受任何成员的机会主义行为的侵害的。特别是在跨文化的合作过程中，文化差异越小，程序公平促进合作的效用更大。程序公平使得成员之间更易合作和相互宽容，促进信任的建立。当成员感知到很高的公平时，信任便随之增加(Das and Teng,1998)。程序公平还有利于克服联盟中的单边控制带来的弊端。程序公平是单个公司行为的重要决定因素之一。好的沟通加强公司之间的合作(Gulati，1995)。公平性越明显，带来的是更强的相互信任的氛围，随之而来的是联盟成员之间更加积极地为共同的目标而努力

(Brockner，2002；Tyler and Blader，2000)。

(二)和谐机制与关系风险控制

市场的全球化和技术进步加强了商业公司之间的相互依赖性。这种相互依赖性反映在不断增加的跨国联盟的数量上，从研发联盟到基于公平原则的合资。不可避免的，联盟成员需要有效地控制经常性的成员之间的冲突和决定它们自己在联盟中的投入(承诺)。当公司之间的目标不相容时，相互依赖的公司之间还得进行谈判。这种谈判是有益的还是有害的，取决于联盟伙伴的动机和它们所采取的解决冲突的策略。众所周知，联盟的失败率(包括那些预期结束的联盟)高达 50%以上或者更多(Das and Teng，2000)。同时，联盟内部的冲突是合作伙伴内在的机会主义行为倾向的一个结果。冲突是内生于所有形式的组织合作之间的，如国家、组织文化的差异、不同的目标等都可能是冲突的导火线(Das and Teng，2000)。冲突经常被认为是作为两个组织间长期关系和其他围绕在这两个组织周围的网络的一个组成部分 Kozan(1997)。

本书提出的观点是：与关系风险相似，冲突是联盟伙伴之间相互依赖的一个副产品，冲突的程度与关系风险的大小呈正相关，且联盟中的冲突与协调是共存的，联盟中的相互依赖潜在地会使成员对对方不满和有所抱怨，这种冲突在联盟中并不占主流地位。当联盟成员之间通过信息、技术、员工互换后，这种互换会产生互惠行为，进而加强成员之间的关系(Cropanzano and Mitchell，2005)。联盟成员之间推动联盟产生时的初始动机是可以产生对成员之间协调、和谐的追求。联盟的形成是一种协调(和谐)和合作的结果。和谐是指一种状态，在这种状态中企业的政策(追求自身利益而不考虑其他企业)能够自动地促进其他企业目标的实现。基于和谐的初始合作动机还是普遍存在的，这点可以从目前联盟数量不断增加的趋势可以看出，虽然联盟的失败率仍然很高。因而，联盟得以继续存在的原因是伙伴间的协调机制(和谐)的本质的存在。事实上，成员之间的冲突导致的大多数联盟的失败是因为它们忽视了联盟间存在的协调机制及其对协调机制的潜能的开发。同时，必须承认联盟中成员之间的冲突程度并不总是那么高的。而且就算冲突发生，未来阴影(联盟存期)、协调的存在、中介(仲裁者的存在)、来自联盟外部的竞争压力等将会使得联盟成员包容这些冲突的存在。很多公司出于关心自己的声誉或者是已投入在联盟中的资产，而会通过精明的投资和原谅伙伴暂时性的疏忽来达到联盟中的协调(和谐)。例如 Kingshott(2006)在研究企业间供求关系时发现，并非所有的合同违约都会对联盟关系产生破坏。

一个公司进入一个联盟是为了其经济目标的实现,如创造经济价值或者是为了创造新的产品、进入一个新的市场、研发一项新的技术,在这种联合努力的过程中,双方得通力合作以实现共同的目标。合作的过程可能会或者不会产生冲突的,当冲突出现时,双方可以通过竞争策略、问题解决策略、屈服、避免的方法给予解决(Rubin et al.,1994)。因而将和谐(harmony)的概念引入联盟风险控制分析中,强调用联盟之间的协调(和谐)机制来解决。联盟成员之间是可以通过承诺和宽容的管理来克服来自冲突和机会主义的持续性的冲击,因为联盟内部内生地存在这种机制。

(三)伙伴合法性与关系风险控制

现将影响信任的因素归纳在图 6-1 中。这些因素包括积极预期、实力对比、责任、沟通、资源禀赋。联盟双方对联盟未来积极的预期和之间积极有效的沟通,以及尽职尽责地担当各自在联盟中的角色将有助于联盟信任的建立。同时,联盟成员之间在实力对比、议价能力、所拥有资源方面的差异,使得企业在选择潜在的伙伴时,对联盟运行中的各种问题有一个较为清晰的预期,并且各自都有自知之明,清楚机会主义行为带来的惩罚的后果,这潜在地促进了双方信任的建立。在大多数研究文献中,信任被认为在关系风险的非正式控制中是最为重要。在搞清信任与合法性的区别的基础上,提出在联盟演化进程中伙伴合法性对关系风险控制的效用。

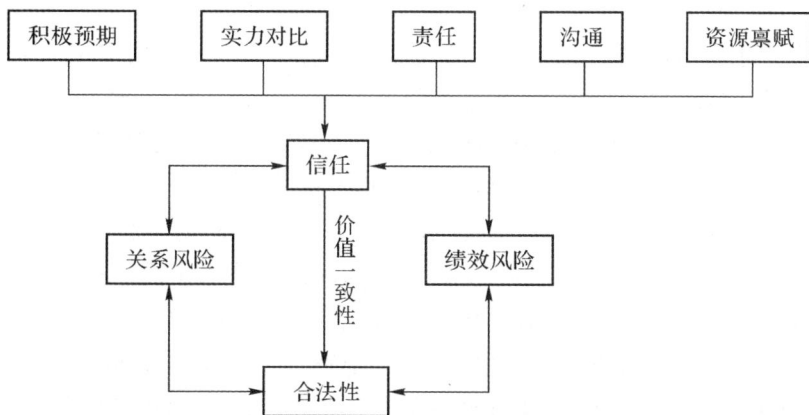

图 6-1 信任、合法性与关系风险的总结构建

合法性与信任之间最本质的区别在于合法性意味着价值的一致性(Lagenspetz,1992),而信任则意味着行为的可预见性(可测性)(Das and

Teng,1998)。价值的一致性意味着对伙伴的决策和行为的认同。信任与合法性的区别体现在：首先，伙伴合法性源自共同价值观的行为的相互认可，而信任则基于可预见性的认知 Kumar(2007)，因此，合法性的范畴比信任广。其次，伙伴间信任建立的时间比伙伴间合法性建立的时间要短，信任的建立可以通过伙伴间互动来判断，而合法性在需要伙伴间互动的同时，还需建立共同的价值体系。Kumar(2007)研究发现，伙伴之间只有信任而无合法性的联盟要么不稳定要么是无法进一步加深的。因而，伙伴合法性是伙伴信任的一个质的提升。将信任、合法性与联盟关系风险关系总结构建如图 6-1 所示。一个社会系统内的合法性被广泛地认为是一个组织内的组织成员对组织权威结构的承认、支持和服从(Suchman,1995)。组织合法化包括内部合法化和外部合法化。组织内部的合法性问题在单个组织和层级组织内部是不存在的，只存在于跨国联盟中。外部合法性是指组织被社会环境普遍接受(Suchman,1995)，而在联盟中，内部合法化是指被组织内部的成员所普遍接受，这里的组织内部成员是指联盟成员。因此，联盟内部合法化不仅指内部成员的接受而且还包含了成员之间的相互接受。联盟成员之间的合法性定义为：在联盟发展过程中成员之间对其正当行动的一种相互间的认可。

该定义包含以下几层意思：一是相互认可，指联盟运作过程中对成员之间行动的可预知性，这也是促进成员合作的先决条件；二是正当行动，正当的行动所产生的结果是联盟成员可预知的；三是成员间的合法性不仅是一种状态而且是一种过程，即它不仅反映在任何时点上联盟成员所做出的集体决策，也反映在联盟发展的不同阶段中成员间相互交流的一种结果(Das and Teng,2002)。

成员间的合法性带来的一个主要的好处就是能促使进一步的合作行为的产生。合作行为可以以各式各样的形式进行。这意味着成员之间将会自发地、高效率地交换信息，真诚地理解其他伙伴的愿景，设计符合所有伙伴利益的应对措施(Lewicki et al.,2003)。一个组织内部各部门间的合作就存在很多问题，而联盟是在不同组织间寻求合作，其面临的问题将会更多。这些问题可以简单地归纳为：(1)联盟中三对矛盾的处理。Das 和 teng(2000)认为联盟具有其内在的三对矛盾：竞争与合作、刚性(控制性)与灵活性、长期定位与短期定位。这三对矛盾在联盟内部显得相当棘手。与单个组织相比而言。因为这三对张力在两个或者两个以上的独立企业之间比单个企业要显著得多(Das and teng,2000)。(2)当一个企业成为联盟的成员时会伴随着其潜在的知识引入，联盟成员之间潜在的知识差别越大，在合作过程中碰到的困难可能就越多(Hargadon and Fanelli,2002)；(3)企业进入一个联盟都是带着预先设定的目标和计划而来的,这些预期都是包含在公平与实效兼顾的条款中的(Ring and Van de Ven,1994)。在联盟运作的过程中,当企业发现其无法实现当初的预期时,它们对联盟的心理上的贡献度就会减弱(Kumar and Nti,1998)。心理上的贡献度包括成员对联盟的附属程度。实际上,成员一般都会为了联盟的成功而做出贡献。

针对上述联盟成员合作碰到的困难,成员间的合法性显得尤为的重要。如果每个联盟成员认为其伙伴是合法的,那么企业进入联盟时合作的心态会大于竞争的心态(Kumar and Andersen,2000)。Doz(1995)指出合作的心态可能比联盟运作过程中最初取得的成果还重要。成员相互合作过程中正面的成果、良好的合作态度将会得到培养,进而联盟成员之间的关系得到加强。

此外,成员间的合法性将使得成员在解决新的冲突时会以一种整合、合作的态度来面对,而非各自为战。Kale(2000)证明了以一种整合、合作的态度处理冲突能促进学习和加强成员之间的关系资本。成员间的合法性还使得它们处理来自外界的威胁的能力加强。它们将会集中于与任务相关的问题的整体上,并将成员之间的冲突放于次要的位置。所有以上的结果是,成员间的合法性减少了联盟管理过程中的交易成本。合法性的存在使得成员间的行动建立在一种责任感上,而非从完全利己的角度出发来考虑。虽然,联盟成员都是从利己的角度出发的,但是合法性要求它们在追求私利的同时,对其伙伴的需求也予以考虑。

同时,伙伴间合法性将使义务内在化。义务内在化(考虑伙伴的需求)是联盟中价值共享的一种体现。实际上,Tyler(1997)指出了人们内在化的集团价值。他们将集团的价值当做自己的价值,这使得他们自愿服从集团的决策。破坏规则和违反决定将给个体带来极大的负面影响,而遵守规则将会给个体带来正面的作用。Hurd(1999)认为合法性作为社会资本的一种,从长期的视角看,在减少各类成本方面比胁迫来的有成效,虽然在短期内合法性的成本可能较高。

最后,合法性不仅促进合作,它同时也可能使成员在相互学习的过程中提高自己的声誉。虽然跨国联盟为成员间相互学习创造了有价值的机会,这种学习过程其实也是存在问题的,原因是可获得性的联盟知识的缺乏或者是知识获取效率低下(Inkpen,2000)。很多因素影响知识获取效率,其中的两个关键的因素就是吸收与转移(Hamel,1991)。从根本上来讲,成员之间会相互向对方学习,同时也愿意知识在伙伴间转移。如果这种潜在的学习意愿比较容易被认识到时(Das and Kumar,2007),当一个伙伴或者是联盟被认为是合法的时,那么伙伴间学习的意愿是相当强烈的。

三、宏观层面控制机制简析

跨国联盟关系风险的影响因素大类可分为内生性和外生性,前文主要是从内生性因素着手,在信息不对称或不完全的情况下,以企业利润为最终控制变量进行联盟关系风险控制机制的理论分析,从宏观经济、政治、法律、基础设施等几个方面进行研究。一国政府维持稳定的宏观经济政治环境是该国企业发展的基本前提。影响联盟成功的政治因素可以从联盟伙伴公司所在国的政党结构、政治体制差异、政府政策倾向与邻国的政治关系、社会运动状况等方面来识别。联盟伙伴公司所在国之中如果有一国的政治不稳定、政府经常变更、政府政策经常变换,则会使该国企业的经营风险增大,也会使跨国联盟伙伴关系破坏的可能性增大、联盟关系风险增加。同时,如果联盟伙伴公司所在国或多国的政党结构不同、政府更迭频率不一样、社会运动状况不一样则会增加联盟伙伴在风险防御上的差异,从而导致联盟伙伴战略侧重点各异,战略整合的难度增加,联盟合作协调的难度增加,联盟失败的可能性增加。从国际投资与国际合资发展的状况来看,发达国家间的相互投资、合资比例在全球投资中所占的比重逐渐增加,这也从侧面反映出宏观经济政治环境稳定,政党结构、政治体制相似的两个国家,企业结成联盟的可能性较大,联盟取得成功的可能性也较大。

总体上来讲,我国跨国经营企业对外投资经验欠缺,缺少精通国际间资本运作的管理人才,我国也缺乏熟悉跨国并购业务的金融机构、评估机构、律师机构等中介部门为企业提供这方面的服务。而经过 30 多年改革开放的发展,中国沿边、沿海城市的基础设施状况已经发展得比较好,外商合资企业在这些城市的投资相对较多。在宏观层面,政府应发挥相应的作用,政府在企业跨国联盟发展中的作用主要是制定合理的政策,完善相关法律、法规,创造良好的社会环境,规范企业的联盟行为。政府应制定有关行业的长远规划和短期实施计划,引导企业跨国联盟朝着有利于优化产业结构、行业结构、产品结构和企业规模结构的方向发展。对产业结构调整、优化及产业发展顺序作出规定,给出资产存量结构调整与变化的目标,并给予不同的税率优惠。建立大型企业集团不仅需要政府的引导和扶持,健全的司法体系也同等重要。完善的法律体系有利于理顺产权关系,在企业建立现代企业制度、技术创新、完善公司治理结构方面举足轻重。因此,在保持市场的有序竞争的同时,应进一步完善有关法律法规,用立法的形式对企业跨国联盟进行控制,使之合法化、规范化。具体如:建立以法制为基础的信任保障体系,推动成熟完善的市场运作体系的建立,确立起一种能为社会成员普遍信任的社会制度性安排与制度性承诺,减少非理性的混乱的市场交易行为的发生;建立良好的社会信用环境,充分发挥道德的力量,或借助传统美德的力量,强化社会信用环境建设,并建立完善信任的社会评价体系。

第二节　企业跨国联盟关系风险应对策略

研究跨国联盟的关系风险并不是想强调跨国联盟中的风险有多大,关系风险有多可怕,也不是想阻碍企业参与跨国联盟的信心和勇气。所谓"不入虎穴,焉得虎子",研究企业跨国联盟的关系风险,正是想鼓励企业,特别是民营企业更多地参与到跨国联盟中去,因为跨国联盟必然是当今及未来企业经营发展的趋势所在。通过优势互补、资源共享、风险共担等种种模式,跨国联盟可以为企业创造更多的机会和收益。

因而,对于国内企业来说,如何应对跨国联盟中的关系风险不仅包含如何选择适当的伙伴企业、充分辨析对方的跨国联盟意图、建立合适的联盟战略结构、在跨国联盟运营中维护自身利益等,还包括在出现关系风险时,能够快速正确地对风险做出反应,适当地调整企业战略、联盟结构、合作内容等,尽量让关系风险往低位演化。由此,作者认为企业应对跨国联盟关系风险的策略可以包含以下几个方面。

一、充分的信息审查和披露,减少由于信息不对称引致的潜在风险

如果说经济世界的风险来自何方,那么信息的不对称必然是其根源。假如所有的信息都是公开、透明和对称的,那么就完全不会存在风险,当然,这样的世界是不存在。对于国内企业来说,绝大部分的企业都产生于改革开放以后,经营的时间较短,更别说参与跨国联盟的经验。既然信息不对称是既定事实,而且存在着这种经验的缺失,国内企业对于跨国公司来说,相对能够收集到的信息较不充分、不完全,即处于信息不对称的弱势一方。

有鉴于此,企业要应对关系风险:

首先要认清自己所处的位置——信息不对称的弱势方,充分认识到信息缺失可能带来的潜在危险。不得不承认很大一部分的中国民营企业暴发于改革

大潮,在那个年代只要有胆量就能有成就。而如今,信息时代的特征决定了这是一个知识决定一切的年代,掌握知识和信息的人才是这个时代的赢家。对于中国的民营企业来说,必须完成这种蜕变,才能适应世界经济的潮流。当然,可喜的是我们已经看到许多儒商的出现,他们的出现正意味着中国企业在往知识化、信息化的方向发展。

其次,参与到战略联盟中的中国企业必须做到充分的信息审查和披露。由于参与联盟的伙伴企业的真实意图与联盟的合作意图可能存在着差异,那么认识联盟伙伴、了解联盟伙伴就显得格外重要。对于中国企业来说,不仅需要了解战略联盟的项目细节,更需要了解联盟伙伴的成长历程,特别是伙伴中远期的战略目标和远景规划。通过对联盟伙伴的全面了解有助于中国企业充分认识伙伴的战略意图。

再次,中国企业可以借助有效认证来更好地实现这一目标。有效认证可以评估合作伙伴在产品、服务等方面的情况,充分了解合作伙伴的真实实力,避免受到信息误导,从而抑制机会主义行为和搭便车行为。施乐(Xerox)①要求其潜在供应商参加顾客化认证过程,包括所谓的施乐多国供应商认证调查,这既能使它观察供应商,减少信息不对称,淘汰不能满足起码标准的供应商,又能使潜在的供应商进行自我选择。因为供应商需要投入时间和金钱,只有那些能保持与施乐合作的供应商才能通过重复销售收回投资。不过,认证要成为一种反机会主义的安全措施还必须使参加认证的成本超过机会主义行为的短期收入,并使对合适的合作者的诚实的回报(未来销售额的现值)应超过参加认证的成本。

最后,中国企业可以更多地从法律手段上寻求帮助。中国社会一直在朝着法治社会的方向发展,但是不得不承认,中国企业对于法律的应用远不及发达国家。如何能够让中国企业更好地获得法律上的保障和帮助,不仅有赖于中国企业本身增强法制观念,雇用法律顾问来解决法律问题等,还需要政府加强和完善现有法律,加大法治引导。应该说,当前这一工作正在进行中,不仅是如同《反垄断法》等法律的完善,而且商务部的"反垄断审查"等措施的出现,都说明了中国的政府对这一问题的关注。

---

① 胡继灵、陈荣秋:《供应链中的信息不对称与机会主义》,《武汉理工大学学报》
年第 6 期。

二、建立完善的跨国联盟合同及各种规章制度

跨国联盟的产生可以是契约式的,或是合资等模型,但是毫无疑问每一个联盟都伴随着制度的产生。制度包括联盟的监督制度、收益分配制度、激励制度、组织制度等多个方面。合同是受法律保护的。在联盟的建立过程中,中国企业必须充分了解合同的每一条细则,了解自身的权利与义务,了解违约的风险和束缚。最优合同契约的设计可以提高欺骗成本,增加合作收益,也就是降低联盟的关系风险。

这当中最重要的是选择适当的联盟组织模式。对于中国企业来说,应该遵循因企制宜的原则,从优势互补和优势相长的角度出发选择适合于自身发展的联盟组织模式。因为联盟伙伴之间的实力差距以及联盟合作的程度都可能会影响到联盟的关系风险。因此,对于实力相对较强的企业可以采取较高层次的合作模式,例如合资等。相反,如果企业本身技术力量并不明显,实力相对较弱,那么可以选择较低层次的合作模式,例如选取生产、研发、销售这些过程中的一个方面来合作。

除此之外,中国企业联盟必须重视联盟的监督制度、收益分配制度和激励制度的建立。监督制度可以促使联盟合作伙伴遵守正式或是非正式的契约,较少伙伴的机会主义行为。公正合理的收益分配制度不仅需要关注联盟的总体收益,而且更需要注重联盟专有资源对联盟收益的贡献。激励机制可以通过奖赏来鼓励联盟伙伴减少机会主义行为,例如在供应链联盟中给予积极合作的企业更多的订单奖励。通过这些监督、收益分配和激励制度可以较好地降低联盟伙伴的机会主义行为,但同时也增加了企业在制度建立过程中的成本,因此联盟的最优制度建立应当是以承认信息不对称为前提条件下的收益—成本均衡体系。

三、充分重视企业的核心资源,维护企业的核心技术知识不受损害

这一问题包含两个方面:一是在跨国联盟建立时,既要维护核心资源的独立性、占有性,不因跨国联盟的建立而失去了核心资源的占有权,而且还要通过专有资产的投入增加跨国联盟的退出成本;二是在跨国联盟运行的过程中,减少被联盟伙伴学习到核心知识的风险。

对于第一个方面来说,联盟伙伴的专有性投入包含了专门的人才、设备、专利和资金等,专有性资产的投入可以显示合作伙伴参与联盟的诚意。因为投入

的专用程度越高,其资产转为沉没成本的可能性就越大,其合作的决心和可信度就越高。但是,很少有跨国公司将自己最为核心的技术或是知识拿出来与联盟伙伴共享的,它们往往将边缘技术或附属技术参与到联盟的合作中。因此,对于中国企业来说,也必须认识到自身最为核心的竞争力所在,例如品牌,在联盟建立的过程中,就必须能够保证品牌的专有性和独立性。

对于第二个方面来说,联盟是一个学习性组织,联盟伙伴可以通过"干中学"等方式获取彼此在知识上的缺陷,改善整体的经济效益。但是,对于处于竞争状态的联盟伙伴来说,核心知识即意味着核心竞争力。企业在技术创新中持久的竞争优势很多时候来自于经验知识,而经验性知识又存在于组织、人才与企业文化之中。虽然很多时候这些知识是独占性的,但战略联盟的成立能够让这些知识在人员的流动、知识的共享中实现流动,也就是说实现了知识的转移。

四、加强沟通交流,增强伙伴企业的信任程度

信任是缓和正式管理控制与跨国联盟绩效关系的良性机制。一旦确立了信任关系,企业共同努力的产出将超过仅建立在自身利益最大化行为上的产出。因此,通过充分的沟通与协作,消除合作的障碍,建立必要的信任机制,是企业技术联盟规避关系风险的基本要求。对于一个成功的企业技术联盟来说,其各个成员企业间的相互协调、相互合作是建立在彼此信任的基础上的。相互的信任是互惠互利的需要,更是联盟协调发展的条件。信任的建立可以是通过双方良好的合作,也可以通过人与人之间的交流得以实现。在联盟内部,信任关系并不是随着联盟的建立而直接产生的,它是通过联盟伙伴双方情感的投入和培养发展起来的,而交流就是信任培养过程中最为重要的一个方面。通过联盟伙伴之间的交流,不仅可以让伙伴了解自己的经营原则,而且能够及时消除双方之间的误解和分歧。信任不仅可以帮助联盟企业维持长期的战略伙伴关系,而且有助于克服联盟发展过程中的各种摩擦和困难,有利于取得"双赢"的结果。

信任建立的正式途径来自于跨国联盟企业之间的合作关系。联盟伙伴可以通过提供高品质的产品、优质的服务以及积极的合作态度等方式来建立伙伴之间的信任。就措施而言,作者认为中国企业可以在联盟过程中搭建联盟内部的信息交流网络平台,开展跨文化管理培训和形式丰富的娱乐活动来加强非正式渠道的沟通以促进相互的信任和了解。

中国企业还可以通过建立信任—声誉激励机制来促进战略联盟中信任的产生。在契约的实施过程中,声誉起了很大的作用。信息经济学把声誉看作是

一种有效传递信息、提高信息对称性的信号,声誉强烈的排他性和不可仿制性也使它成为了企业核心能力的重要组成部分。在联盟内部建立声誉激励,不仅可以提升企业在联盟外市场的竞争地位,而且还有利于创造能带来合作优势的独特的关系资本收益。同时,关系风险的降低反过来又进一步强化了联盟成员企业的声誉,促进信任水平的提高,进而形成声誉—信任—关系资本收益—关系风险控制的正反馈循环。

可以说,信任是对合作伙伴的能力和可依赖性的信心,是相互交换新思想和新技术的基础;声誉则是对信任的激励和加强。声誉激励的直接目标就是在公众和企业之间建立起一种相互理解、相互信任的关系;提高企业声誉的最终目标就是提升企业的声誉竞争力和整体竞争力。

五、正视文化冲突,提升联盟的契合程度

跨国联盟与国内联盟相比,最为突出的一个问题就是文化冲突问题,它不仅包含员工对跨国企业文化的认知度还包含了跨国联盟内部信息是否能够实现有限沟通。

首先,跨国文化的融合需要跨国联盟本身能够做出适当的反应,例如建立本土化的经营战略或是通过一些非正式的活动促进员工之间的交流。跨国联盟需要联盟双方对彼此的文化(包括国家文化和企业文化)都有较为深入的了解,从而对来自不同企业的员工行为模式产生认同感,促进人员之间的沟通与交流。虽然作者难以要求企业对不同的民族文化产生强烈的认同感,但是可以在求同存异的基础上尽量较少文化冲突。

其次,与国内战略联盟相比,跨国联盟之间的信息不对称以及语言上的差别使得事先机会主义行为更为突出。从国内的现状来看,很多国内企业希望通过与跨国公司的战略联盟来获得核心竞争力的提升或者是学习到跨国公司先进的技术及管理经验。但是,大量的事实显示,在合资的过程中国内的合资企业往往被边缘化,非但没有获得核心技术,反而连自己的品牌都难保。最后,只能沦为外资的生产工具或是被恶意并购。因此,对于跨国联盟来说,要尽量减少由于语言的沟通问题而产生的信息阻碍。

浙商研究

第三节　本章小结

　　本章探讨了将联盟关系风险的控制细分为企业层面的控制机制和宏观层面的控制机制。在企业之间的信任还未完全建立起来之前,相应的监控、处罚、机制有助于联盟中关系风险的降低。在监控机制中,采用联盟最终产出的利润为制约变量对其进行控制,同时开创性地辅以声誉机制、程序公平、和谐机制、伙伴合法性等隐形控制机制等。因为当检测到某个成员有相应的违反行为时,其他成员会对其进行相应的处罚,该成员的行为将使得其在同行业市场网络中寻找合作伙伴的成本增加。另外在宏观层面的控制机制中引入了经济大环境、国家法律层面的间接控制。在宏观层面的机制和成员之间的相关的机制(合法性)建立后,监控等较为公开的机制就会相应弱化。

　　同时,给出了企业应对跨国联盟关系风险的策略,包括信息审查、制度建立、知识保护、信任以及正视文化冲突、提升联盟的契合程度几个方面。

附录一 问卷样表

调查问卷

对于您在百忙之中抽空填写此问卷,作者不胜感激。本问卷旨在研究浙江省企业战略合作风险(合作风险是与合作关系有关或伙伴不遵守合作精神的可能性)的决定性指标,其中题目无所谓对错,调查仅供科研使用并保证严格保密。请根据您的实际情况填写此问卷,在您完成问卷调查后,作者将十分高兴地将这份调查报告首先寄送给您。

谢谢您的合作!

◆ **基本情况**

1. 企业名称:＿＿＿＿＿＿＿＿＿＿＿＿＿＿＿＿＿＿＿＿＿＿＿(选填)

2. 控股股东的所有制形式: (   )

　　A.国有企业　　　　B.民营企业　　　　C.三资企业　　　　D.其他

3. 所属行业类别:＿＿＿＿＿(以占营业收入比重最大的业务为主)

　　A.加工制造业(家电、信息、机械)

　　B.消费品工业(纺织、食品、成衣、饮料)

　　C.批发零售业　　　D.金融服务业　　　E.物流运输业

　　F.化工业　　　　　G.IT、电信业

　　H 房地产业或其他,请注明

4. 合作伙伴名称:＿＿＿＿＿＿＿＿＿＿＿＿＿＿＿＿＿＿＿＿＿

　　(如有,请填写最近一次合作企业的名称,并继续答题。如果没有,可直

接跳过本题)

(1)合作起止时间：_____

(2)你们双方建立合作关系的渠道是通过(如有多个,则选择作用最大的
一个)_____

    A.市场信息   B.政府穿针引线   C.社会关系网络

    D.行业协会推荐   E.自己摸索

(3)合作采用的形式   (   )

    A.合资企业   B.股权参与

    C.非股权参与(如特许经营、联合研发)

    D.其他_____(请注明)

(4)合作的结果是   (   )

    A.满意并继续中   B.不满意但是继续中

    C.以计划中的形式终结合作   D.非计划性的并购

    E.不欢而散   F.其他_____(请注明)

◆ 联盟关系风险评价

联盟的合作风险可以用三类决定因素来衡量:时间类因素、关系类因素、经济类因素,请您评价下列子因素对这些合作风险的影响程度。另外,如果贵公司日前处在联盟合作之中,还请您在表现强度一栏中评价这一因素在贵公司所处合作关系中的表现(没有参与合作的企业不用填写)。

▲ 经济类因素——指与经济利益相关的因素

	(1)影响程度					(2)表现程度 (没有参与企业合作可不填)				
	大→小					强→弱				
1.投入的股权量(资金)	9	7	5	3	1	9	7	5	3	1
2.合作中投入的资源较多	9	7	5	3	1	9	7	5	3	1
3.合作的收益对企业较重要	9	7	5	3	1	9	7	5	3	1
4.对合作收益分配的满意度	9	7	5	3	1	9	7	5	3	1
5.资源共享与互补程度	9	7	5	3	1	9	7	5	3	1
6.合作伙伴较强的学习能力	9	7	5	3	1	9	7	5	3	1
7.相互抵押关键的企业资源	9	7	5	3	1	9	7	5	3	1

▲ 关系类因素——指企业之间关系的强弱程度

	(1)影响程度					(2)表现程度 (没有参与企业合作可不填)				
	大→小					强→弱				
1.投入的股权量(资金)	9	7	5	3	1	9	7	5	3	1
1.与伙伴文化相差较大	9	7	5	3	1	9	7	5	3	1
2.合作双方目标是否一致	9	7	5	3	1	9	7	5	3	1
3.是否支持对方的目标	9	7	5	3	1	9	7	5	3	1
4.双方的亲密程度	9	7	5	3	1	9	7	5	3	1
5.双方沟通交流的频率	9	7	5	3	1	9	7	5	3	1
6.合作中双方地位的平等性	9	7	5	3	1	9	7	5	3	1
7.双方所属行业的相似性	9	7	5	3	1	9	7	5	3	1

▲ 时间性因素——指合作中与时间有关的因素

	(1)影响程度					(2)表现程度 (没有参与企业合作可不填)				
	大→小					强→弱				
1.投入的股权量(资金)	9	7	5	3	1	9	7	5	3	1
1.预期合作能够持续多少时间	9	7	5	3	1	9	7	5	3	1
2.对实现合作目标是否感觉到压力	9	7	5	3	1	9	7	5	3	1
3.合作已经持续多少时间	9	7	5	3	1	9	7	5	3	1
4.未来对合作双方的重要性	9	7	5	3	1	9	7	5	3	1

◆ 总体评价

您认为这三类决定因素对企业合作风险的影响程度分别是多少?

企业合作风险的决定因素	10	9	8	7	6	5	4	3	2	1
经济类因素										
关系类因素										
时间性因素										

最后,再次感谢您给予课题小组的帮助与支持!

参考文献

[1]Anderson E. Transaction Cost Analysis and Marketing. In: Groenewegen J. Transaction Cost Economics and Beyond. Boston: Kluwer, 1996: 65-83

[2]Lado A A, Dant R R, Tekleab A G. Trust-opportunism Paradox, Relationalism, and Performance in Interfirm Relationships: Evidence from the Retail Industry. Strategic Management Journal, 2008,29: 401-423

[3]Murphy A, Kok G. Managing Differences. EFQM Conference, 7th, April 2000

[4]Afuah A. How Much Do Your Co-Opetitors' Capabilities Matter in the Face of Technological Change? Strategic Management Journal, 2000, 21 (3):387-404

[5]Akerlof G A. The Market for 'Lemons': Quality Uncertainty and the Market Mechanism. Quarterly Journal of Economics, 1970, 84 (3): 488-500

[6]Alchain A. Uncertainty, Evolution, and Economic Theory. Journal of Political Economy, 1950, 58:211-221

[7]Amit R, Schoemaker P J H, Strategic Assets and Organizational Rent. Strategic Management Journal, 1993, 14:10-11

[8]Anderson J C, Narus J A. A Model Of The Distributor'S Perspective of Distributor-Manufacturer Working Relationships. Journal of Marketing, 1984, 48(4):62-74

[9]Anderson J C, Rungtusanatham M, Schroeder R C. A Theory of Quality Management Underlying the Deming Management Method. Academy of Management Review, 1994,19: 472-509.

[10] Angeles R, Nath R. An Empirical Study of EDI Trading Partner Selection Criteria in Customer-Supplier Relationships. Information & Management, 2000,37:241-255

[11] Aram J D. The Paradox of Interdependent Relations in the Field of Social Issues Management. Academy of Management Review, 1989, 14: 266-283

[12] Arino A, Torre J, Ring P S. Relational Quality: Managing Trust in Corporate Alliances. California Management Review, 2001, 44:109-134

[13] Arrow K. The Limits of Organization. New York: Norton,1974

[14] Artz K W. Brush T H. Asset Specificity, Uncertainty and Relational Norms: an Examination of Coordination Costs in a Collaborative Contractual Alliance. Journal of Economic Behavior & Organization, 2000,41(4):337-362

[15] Aulakh P S, Kotabe M, Sahay A. Trust and Performance in Cross-Border Marketing Partnerships: A Behavioral Approach. Journal of International Business Studies, 1996,(Special Issue):1005-1032

[16] Axelrod R, Keohane R O. Achieving Cooperation under Anarchy: Strategies and Institution. In: Oye K A. Cooperation under Anarchy. Princeton, NJ: Princeton University Press, 1986

[17] Barney J B. Looking inside for Competitive Advantage. Academy of Management Executive, 1995,9(4): 49-61

[18] Brown J R, Dev C S, Lee D-J. Managing Marketing Channel Opportunism: The Efficacy of Alternative Governance Mechanisms. Journal of Marketing, 2000, 64(2):51-65

[19] Byrne J. The Virtual Corporation. Business Week, 1993(2):36-41

[20] Bain J S. Relation of Profit Rate to Industry Concentration: American Manufacturing Industries, 1936—1940. Quarterly Journal of Economics, 1951, 65:293-324.

[21] Barney J B, Hansen M H. Trustworthiness as a Source of Competitive Advantage. Strategic Management Journal, 1994, 15(special issue):175-190

[22] Barley S R, Kunda G.. Design and Devotion: Surges of Rational and Normative Ideologies of Control in Managerial Discourse. Administrative

参考文献

浙商研究

企业跨国联盟关系风险及其控制机制

Relational Risk and Its Control Mechanism in Cross Border Alliance

Science Quarterly, 1992, 37:363-399

[23]Barney J B, Organizational Culture: Can It Be a Source of Sustained Competitive Advantage. Academy of Management Review, 1986,11: 656-665

[24]Barney J B. Strategic Factors Markets: Expectations, Luck and Business Strategies. Management Science, 1986,32: 1231-1241

[25]Barney J B. Firm Resources and Sustained Competitive Advantage. Journal of Management, 1991,17: 99-120

[26]Beamish P W, Banks J C. Equity Joint Ventures and the Theory of the Multinational Enterprise. Journal of International Business Studies, 1987,19(3):1-16

[27]Beamish P W, Inkpen A C. Keeping International Joint Ventures Stable and Profitable. Long Range Planning, 1995, 28(30):26-36

[28]Bengtsson M, Kock S. Coopetition in Business Networks-to Cooperate and Compete Simultaneously. Industrial Marketing Management, 2000, 29(5): 411-426

[29]Bettis R A, Hitt M A. The New Competitive Landscape. Strategic Management Journal, 1995,16:7-19

[30]Bhide S H. Trust, Uncertainty, and Profit. Journal of Socioeconomics, 1992, 21:191-208

[31]Black J A, Boal K B, Strategic Resources: Traits, Configurations and Paths to Sustainable Competitive Advantage. Strategic Management Journal, 1994,15(special issue): 131-148

[32]Bleeke J, Ernst D. The Way to Win in Cross-Border Alliances. Harvard Business Review, 1991, 69(6):127-135

[33]Bleeke J, Ernst D. Is Your Strategic Alliance Really a Sale? Harvard Business Review, 1995,1-2:97-106

[34]Blodgett LL. Partner Contributions as Predictors of Equity Share in International Joint Ventures. Journal of International Business Studies, 1991,22:63-78

[35]Blodgett L L. Factors in the Instability of International Joint Ventures: an Event History Analysis. Strategic Management Journal, 1992, 13 (6):475-481

[36] Bonaccorsi A, On the Relationship between Firm Size and Export Intensity. Journal of International Business Studies, 1992, 23（4）: 605-635

[37] Borden N. The Concept of the Marketing Mix. Journal of Advertising Research, 1964, 6: 2-7

[38] Borg KA. Problem Shifts and Market Research: the Role of Network In Business Relationships. Scandinavian Journal of Management, 1991, 7: 285-295

[39] Bowman E H. Epistemology, Corporate Strategy, and Academe. Sloan Management Review, 1974, 15:35-50

[40] Bowman E H, Hurry D. Strategy Through the Option Lens: an Integrated View of Resource Investments and the Incremental-Choice Process. Academy of Management Review, 1993, 18:760-782

[41] Bradach J L, Eccles R G. Price, Authority, and Trust: from Ideal Types to Plural Forms. Annual Review Sociology, 1989, 15:97-118

[42] Brandenburger A M, Nalebuff B J. The Right Game: Use Game Theory to Shape Strategy. Harvard Business Review, 1995, 73(4): 57-71

[43] Bresser R. Matching Collective and Competitive Strategies. Strategic Management Journal. 1988, 9:375-385

[44] Bresser R K, Harl J E. Collective Strategy: Vice or Virtue? Academy of Management Review, 1986, 11:408-427

[45] Brouthers K D, Brouthers L E, Wilkinson T J. Strategic Alliances: Choose Your Partners. Long Range Planning, 1995, 28(3):18-25

[46] Buchanan J M. Rent Seeking and Profit Seeking. In: Buchanan J, Tollison R D, Tullock G(Ed.). Toward a Theory of the Rent-Seeking Society: College Station, TX: Texas A&M University Press, 1980:1-15

[47] Buckley P J, Casson M. The Future of the Multinational Enterprises. London: Macmillan Press, 1976

[48] Buckley P J, Casson M. Analyzing Foreign Market Entry Strategies: Extending the Internalization Approach. Journal of International Business Studies, 1998. 29(3):539-563

[49] Bucklin L P, Sengupta S. Organizing Successful Co-Marketing Alliances. Journal of Marketing, 1993, 57:32-46

参
考
文
献

浙商
研究

企业跨国联盟关系风险及其控制机制

Relational Risk and Its Control Mechanism in Cross Border Alliance

［50］Burgelman R. Intraorganizational Ecology of Strategy Making and Organizational Adaptation: Theory and Field Research. Organization Science, 1994,2:239-262

［51］Business Week. Clone Makers Don't Scare Sun-It's Sending Them Engraved Invitations. 1989, July 24: 75

［52］Chiles T H, McMakin J F. Integrating Variable Risk Preferences, Trust, and Transactioncost Economics. Academy of Management Review, 1996, 21: 73-99

［53］Chen F Q, Fan L C. Analysis on Stability of Strategic Alliance: A Game Theory Perspective. Journal of Zhejiang University SCIENCE A, 2006,7 (12):1995-2001

［54］Child J, Faulkner D. Strategies of Co-operation. Oxford: Oxford University Press,1998.

［55］Craswell R. On the Uses of "Trust": Comment on Williamson, "Calculativeness, Trust, and Economic Organization". Journal of Law b Economics, 1993, 36: 487-500.

［56］Cauley L, US West and Time Warner CEOs Offer Conflicting Testimony in Turner Suit. The Wall Street Journal, 1996, 19(March)

［57］Caves R, Porter M. From Entry Barrier to Mobility Barriers. Quarterly Journal of Economics, 1977, 9:241-267

［58］Chesbrough H W, Teece D J. Organizing for Innovation: When Is Virtual Virtuous. Harvard Business Review, 2002,8:127-134

［59］Clark M S, Mills J, Corcoran D. Keeping Track of Needs in Communal and Exchange Relationships. Journal of Personality and Social Psychology, 1989,51:333-338.

［60］Conner K R. Obtaining Strategic Advantage from Being Imitated: When Can Encouraging "Clones" Pay? Management Science, 1995,41:209-225.

［61］Contractor F J, Lorange P. Cooperative Strategies in International Business. Boston: Lexington Books, 1988

［62］Cook J, Wall T. New Work Attitude Measures of Trust, Organizational Commitment, and Personal Need Nonfulfillment, Journal of Occupational Psychology, 1980,53:39-52.

［63］Creed W E, Miles R E. Trust in Organizations: a Conceptual Framework

Linking Organizational Forms, Managerial Philosophies, and the Opportunity Costs of Controls. In: Kramer R M, Tyler T R (Ed.). Trust in Organizations: Frontier of Theory and Research. Thousand Oaks, CA: Sage Publications, 1996: 16-38

[64]Cullen J B, Johnson J L. Success Through Commitment and Trust: the Soft Aide of Strategic Alliance Management. Journal of World Business, 2000, 35:223-240

[65]Das, Teng. Risk Types and Inter-Firm Alliance Structure. Journal of Management Studies, 1996,33(6):827-843

[66] Das, Teng. Trust, Control, and Risk in Strategic Alliances: an Integrated Framework. Organization Studies, 1995,22(2): 251-283

[67] Das, Teng. Between Trust and Control: Developing Confidence in Partner Cooperation in Alliances. The Academy of Management Review, 1998,23(3): 491-512

[68] Doz Y. The Evolution of Cooperation in Strategic Alliances: Initial Conditions or Learning Processes?. Strategic Management Journal, 1996 (Summer Special Issue): 53-84

[69] Das T K. Time-span and Risk of Partner Opportunism in Strategic Alliances. Journal of Managerial Psychology, 2004,19:744-759

[70] Das T K. Deceitful Behaviors of Alliance Partners: Potential and Prevention. Management Decision, 2005,43:706-719

[71]Das T K. Strategic Alliance Temporalities and Partner Opportunism. British Journal of Management, 2006,17:1-21

[72] Das T K, He I Y. Entrepreneurial Firms in Search of Established Partners: Review and Recommendations. International Journal of Entrepreneurial Behaviour & Research, 2006, 12:114-143

[73]Das T K, Rahman N. Determinants of Partner Opportunism in Strategic Alliances: A Conceptual Framework. Journal of Business and Psychology, 2008:1-54

[74] Delerue H. Relational Risks Perception in European Biotechnology Alliances: The Effect of Contextual Factors. European Management Journal. 2004, 22(5): 546-556

[75]Easton G. Industrial Networks—A Review. Proceedings of the Fifth IMP

Conference,1989

[76]Eisenhardt K, Shoonhoven C. Resource-Based View of Strategic Alliance Formation: Strategic and Social Effects in Entrepreneurial Firms. Organization Science, 1996,(7): 136-50

[77]Ernst D, Bleeke J. Collaborating to Compete: Using Strategic Alliances and Acquisitions in the Global Marketplace. New York: Wiley, 1993

[78]Faulkne D. International Strategic Alliances: Co-operating to Compete. London: McGraw-Hill,1995

[79] Hill CWL. Cooperation, Opportunism, and the Invisible Hand Implications for Transaction Cost Theory. Academy of Management Review, 1990,15(3): 500

[80]Granovetter M. Economic Action and Socialstructure: The Problem of Embeddedness. American Journal of Sociology, 1985. 91(3): 481-510

[81] Gray B, Yan A. Formation and Performance of International Joint Venture: Examples from US-Chinese Partnership. In: Cooperative Strategies: Asian Pacific Perspectives, 1994: 57-88

[82]Gulati R. Does Familiarity Breed Trust? The Implications of Repeated Ties for Contractual Choice in Alliances. Academy of Management Journal, 1995,38: 85-112

[83]Gadde, Snehota I. Making the Most of Supplier Relationships. Industrial Marketing Management, 2000,29:305-316

[84]Garcia C Q, Velasico C A B. Co-opetition and Performance: Evidence from European Biotechnology Industry. Stockholm: Annual Conference of Euram on "Innovate research in management", 2002,May 9-11

[85]Geringer M J, Hebert L. Control and Performance of International Joint Ventures. Journal of International Business Studies, 1989, 20 (2): 235-254

[86] Geringer M J, Woodcock C P. Agency Costs and the Structure and Performance of International Joint Ventures. Group Decision and Negotiation, 1995,4:453-467

[87]Ghoshal, S. , Moran, P. , 1996. Bad for Practice: A Critique of the Transaction Cost Theory. The Academy of Management Review, 21 (1):13-47

[88]Glaister K W, Buckley P J. Strategic Motives for International Alliance Formation. Journal of Management Studies, 1996, 33:301-332

[89]Granovetter M. Economic Action and Social Structure: The Problem of Embeddedness. American Journal of Sociology, 1985, 91:481-510

[90]Grant, R M, The Resource-based Theory of Competitive Advantage: Implications for Strategy Formulation. California Management Review, Spring, 1991,33(3): 114-135

[91]Grant R, Bade-Fuller C. A Knowledge-Based Theory of Inter-Firm Collaboration. Academy of Management, Best Paper Proceedings, 1995: 17-21

[92]Green S G, Welsh M A. Cybernetics and Dependence: Refrainng the Control Concept. Academy of Management Review, 1988, 13:287-317

[93]Greiner L E. Evolution and Revolution as Organizations Grow. Harvard Business Review, 1972, 50(4):37-46

[94]Griesinger D. The Human Side of Economic Organization. Academy of Management Review, 1990, 15(3):478-499

[95]Grossman G M, Helpman E. Endogenous Innovation in the Theory of Growth. Journal of Economic Perspectives, 1994, 8(1):23-44

[96]Gulati R, Khanna T, Nohria N. Unilateral Commitments and The Importance of Process in Alliances. Sloan Management Review, 1994, 35(3): 61-69

[97]Gulati R. Does Familiarity Breed Trust? The Implication of Repeated Ties for Contractual Choice in Alliances. The Academy of Management Journal, 1995, 38:85-112

[98]Gulati R. Social Structure and Alliance Formation Patterns: A Longitudinal Analysis. Administrative Science Quarterly, 1995, 40(4): 619-652

[99]Gulati R. Alliances and Network. Strategic Management Journal, 1998, 19:293-317

[100]Gulati R, Nohria N, Zaheer A. Strategic Networks. Strategic Management Journal, 2000,21(Special Issue): 203-215

[101]Hkkansson H. Corporate Technological Behaviour: Co-operation and Networks. London: Routledge, 1989

参考文献

断商研究

[102] Hagedoorn J. Understanding the Rationale of Strategic Technology Partnering: Interorganizational Modes of Cooperation and Sectoral Differences. Strategic Management Journal, 1993,14:371-385

[103] Hall E H, Harrison J S. Strategic Management of Organizations and Stakeholders: Theory and Cases. St. Paul: West. 1994: 635-652

[104] Hallen L, Johanson J, Seyed-Mohamed N. Interfirm Adaptation In Business Relationships. Journal of Marketing, 1991, 55(2):29-37

[105] Hallen L, Sandstrom M. Relationship Atmosphere in International Business. New Perspectives on International Marketing, 1991

[106] Hambrick D C, Mason P A. Upper Echelons: The Organization as A Reflection of Its Top Managers. Academy of Management Review, 1984,9:193-206

[107] Hamel G, Doz Y L, Prahalad C K. Collaborate with Your Customers-and Win. Harvard Business Review, 1989, 61:133-140

[108] Hamel G, Prahalad C K. Competing for the Future. Boston, MA: Harvard Business School Press, 1994

[109] Hamel G. Competition for Competence and Interpartner Learning within International Strategic Alliances. Strategic Management Journal, 1991, 12:83-103

[110] Hannan M T, Freeman J H. The Population Ecology of Organizations. American Journal of Sociology, 1977,82: 929-964

[111] Hannan M T, Freeman J H. Structure Inertia and Organizational Change. American Sociological Review, 1984, 49: 149-164,

[112] Harrigan K R. Strategic Alliances and Corporate Strategy. Management International Review, 1988,28(special Issue):24-36

[113] Harrigan K R, Newman W H. Bases of Interorganization Co-Operation: Propensity, Power, Persistence. Journal of Management Studies, 1990, 27(4)

[114] Hart P J, Saunders C S. Power and Trust: Critical Factors in the Adoptions and Use of Electronic Data Interchange. Organizational Science, 1997,8(1):23-42

[115] Hatfield L, Pearce J A. Goal Achievement and Satisfaction of Joint Venture Partners. Journal of Business Venturing, 1994,9:423-440

[116] Heide J B, Miner A S. The Shadow of the Future: Effects of Anticipated Interaction and Frequency of Contract on Buyer-Seller Cooperation. The Academy of Management Journal, 1992,35:265-291

[117] Heide J B, George J. Do Norms Matter In Marketing Relationships. Journal of Marketing, 1992,56(2):32-44

[118] Hennart J F. A Transaction Cost Theory of Equity Joint Ventures. Strategic Management Journal, 1988,9:361-374

[119] Hennart J-F, Kim D-J, Zeng M. The Impact of Joint Venture Status on the Longevity of Japanese Stakes in US Manufacturing Affiliates. Organization Science, 1998, 9: 382-395

[120] Hill C W L. Cooperation, Opportunism, and the Invisible Hand: Implications for Transaction Cost Theory. The Academy of Management Journal, 1990, 15(3):500-513

[121] Hirschman O. Exit, Voice, and Loyalty: Responses to Decline in Firms, Organizations, and States. Cambridge, Massachusetts: Harvard University Press, 1970

[122] Homans G C. Social Behavior: Its Elementary Forms. New York: Harcourt, Brace & World,1961

[123] Hurst D K, Rush J C, White R E. Top Management Teams and Organizational Renewal. Strategic Management Journal, 1989, 10 (Special issue): 87-105.

[124] Inkpen A, Beamish P. Knowledge, Bargaining Power, and The Instability of International Joint Ventures. Academy of Management Review, 1997, 22, 177-202

[125] Jarillo J. On Strategic Networks. Strategic Management Journal, 1988, 9(1):31-41

[126] John H, Bert S. The Transition from Strategic Technology Alliances to Mergers and Acquisitions: an Exploratory Study. Journal of Management Studies, 1999, 36:1-21

[127] Johnson J P. Procedural Justice Perceptions among International Joint Venture Managers. In: Beamish P W, Killing J P(eds). Cooperative Strategies: North American Perspectives. San Francisco, CA: New Lexington Press, 1997:197-226

[128]Kale P, Singh H, Perlmutter H. Learning and Protection of Proprietary Assets in Strategic Alliances: Building Relational Capital, Strategic Management Journal, 2000, 21: 217-237

[129] Koenig C, VanWijk G. Alliances Interentreprises: le Role de la Confiance, Perspectives en Management Strategic, 1992:305-27

[130]Kogut B. A Study of the Life Cycle of Joint Ventures. In: Contractor F J, Lorange P(eds.). Cooperative Strategies in International Business. Lexington, MA: Lexington Books,1988: 169-241

[131] Kahneman D, Knetsch J, Thaler R. Fairness and Assumptions of Economics. Journal of Business, 1986, 59:285-300

[132]Kanter, R. M. , 1994. Collaborative advantage: The art of alliances. Harvard Business Review, 72(4):96-108

[133]Khanna T. Winner-take-all Alliance. Harvard Business School working paper, 1996: 96-033

[134] Khanna T. The Scope of Alliance. Organization Science, 1998, 9: 340-355

[135]Khanna T, Gulati R, Nohria N, The Dynamics of Learning Alliances: Competition, Cooperation, and Relative Scope. Strategic Management Journal, 1998,19:193-210

[136] Kahnemant D, Tversky A. Prospect Theory: Analysis of Decisions under Uncertainty. Econometria, 1979,47:263-291

[137]Kanungo R N, Conger J A. Promoting Altruism as a Corporate Goal. Academy of Management Executive, 1993,7(3): 37-48

[138]Klein B, Crawford R, Alchian A. Vertical Integration, Appropriable Rents and the Competitive Contracting Process. Journal of Law and Economics, 1978,21(10):297-326

[139]Kogut B. The Stability of Joint Ventures: Reciprocity and Competitive Rivalry. The Journal of Industrial Economics, 1989,38:183-198

[140] Kogut B. Joint Ventures and the Option to Expand and Acquire. Management Science, 1991,37:19-33

[141] Kogut B. The Network as Knowledge: Generative Rules and the Emergence of Structure. Strategic Management Journal, 2000, 21: 405-425

[142]Koot W T M. Underlying Dilemmas in the Management of International Joint Ventures. In: Contractor F J, Lorange P(eds.). Co-operative Strategies in International Business. Lexington, MA: Lexington Books, 1988: 347-368

[143]Kumar N. The Power of Trust in Manufacturer-Retailer Relationships. Harvard Business Review, 1996, 11:92-106

[144]Kumar R, Nit K O. Differential Learning and Interaction in Alliance Dynamics: A Process and Outcome Discrepancy Model. Organization Science, 1998,9:356-367

[145]Kumar S, Seth A. The Design of Coordination and Control Mechanisms for Managing Joint Venture-Partner Relationships. Strategic Management Journal, 1998, 19:579-599

[146] Lane C, Bachmann R. The Social Constitution of Trust: Supplier Relations in Britain and Germany. Organization Studies, 1996, 17: 365-395

[147] Lane C, Bachmann R. Trust Within and Between Organizations: Conceptual Issues and Empirical Applications. Oxford, New York: Oxford University Press,1998

[148] Lewicki R J, McAllister D J, Bies R J. Trust and Distrust: New Relationships and Realities. Academy of Management Review, 1998, 23: 438-458

[149]Lado A A, Boyd N G, Hanlon S C. Competition, Cooperation, and the Search for Economic Rents: A Syncretic Model. The Academy of Management Review, 1997, 22:110-141

[150] Lado A A, Boyd N G, Wright P. A Competency-Based Model Of Sustainable Competitive Advantage: Toward a Conceptual Integration. Journal of Management, 1992, 18:77-91

[151] Lado A A, Wilson M C. Human Resource Systems and Sustained Competitive Advantage: A Competency-Based Perspective. Academy of Management Review, 1994, 19: 699-727

[152]Lane H W, Beamish P W. Cross-Culrural Cooperative Behavior in Joint Ventures in LDCs. Management International Review, 1990, 30:87-102

[153]Larson A. Network Dyads in Entrepreneurial Settings: A Study of the

Governance of Exchange Relationships. Administrative Science Quarterly, 1992, 37: 76-104

[154] Lawrence P, Lorsch J. Organization and Environment: Managing Differentiation and Integration. Boston, MA: Harvard University, 1969.

[155]Lei D, Slocum J W. Global Strategy, Competence Building and Strategic Alliances. California Management Review, 1992, 35(1):81-97

[156]Leifer R, Mills P K. An Information Processing Approach for Deciding upon Control Strategies and Reducing Control Loss in Emerging Organizations. Journal of Management, 1996,22:113-137

[157]Leonard-Barton D. Core Capabilities and Core Rigidities: A Paradox in Managing New Product Development. Strategic Managernent Journal, 1992, 13(Summer Special Issue):111-125

[158]Loebecke C, Van Fenema P C, Powell P. Co-opetition and Knowledge Transfer. The DATA BASE for Advances in Information Systems, 1999,30(2): 14-25

[159]Lorenzoni G, Lipparini A. The Leveraging of Inter-Firm Relationships as a Distinctive Organizational Capability: a Longitudinal Study. Strategic Management Journal, 1999, 20: 317-338

[160] Mayer R C, Davis J H, Schoorman F D. An Integrative Model of Organizational Trust. ??? 1995

[161] Madhock A, Tallman S. Resources, Transactions Rents: Managing Value Through Interfirm Collaborative Relationships. Organization Science, 1998, 9, 326-39

[162]MacNeil I R. The Many Futures of Contracts. Southern California Law Review, 1974,47:691-816

[163] MacNeil I R. The New Social Contract. New Haven, CT: Yale University Press, 1980

[164] MacNeil I R. Contracts: Adjustments of Long-Term Economic Relationship under Classical, Neoclassical, and Relational Contract Law. Northwestern University Law Review, 1978,72: 854-906

[165] Madhok A. Revisiting Multinational Firms' Tolerance for Joint Ventures. Journal of International Business Studies, 1994, 26 (1): 117-137

[166] Madhok A. Cost, Value and Foreign Market Entry Mode: the Transaction and the Firm. Strategic Management Jouranl, 1997, 18: 39-61

[167] Mannix E A, Neale M A, Northcraft G B. Equity, Equality, or Need? The Effects of Organizational Culture on the Allocation of Benefits and Burdens. Organizational Behavior and Human Decision Processes, 1995, 63(3):276-286

[168] Maruyama M. Mindscapes, Management, Business Policy, and Public Policy. Academy of Management Review, 1982,7: 612-619

[169] Medcof J W. A Taxonomy of Internationally Dispersed Technology Units and Its Application to Management Issues. R&D Management, 1997,27(4):301-318

[170] Merchant K A. Control in Business Organizations. Marshfield, MA: Pitman Publishing, 1984

[171] Miles R E, Snow C C. Causes of Failure in Network Organizations. California Management Review, 1991, 34(4):53-72

[172] Miller D, Shamsie J, The Resource-Based View of the Firm in Two Environments: the Hoolywood Firm Studies from 1936 to 1965. The Academy of Management Journal, 1996, 39: 519-543

[173] Moorman C, Zaltman R G, Deshpande. Relationships between Providers and Users of Marketing Research: The Dynamics of Trust Within and Between Organizations. Journal of Marketing Research, 1992,29:314-329

[174] Mumby D K, Putnam L A. The Politics Of Emotion: A Feminist Reading Of Bounded Rationality. Academy of Management Review, 1992,17(3):465-486

[175] Nooteboom B. Trust, Opportunism and Governance: A Process and Control Model. Organization, 1996

[176] Nooteboom B. Effects of Trust and Governance on Relational Risk, Academy of Management Journal, 1997,40(2): 308-338

[177] Poppo L, Zenger T. Testing Alternative Theories of therm: Transaction Cost, Knowledge-based, and Measurement Explanations for Make-or-Buy Decisions in Information Services. Strategic Management Journal,

1998, 19(9): 853-877

[178]Park S H, Ungson G R. Interfirm Rivalry and Managerial Complexity: A Conceptual Framework of Alliance Failure. Organization Science, 2001,12(1):37-53

[179] Parkhe A. Strategic Alliance Structuring: A Game Theory and Transaction Cost Examination of Inter-Firm Cooperation. The Academy of Management Journal, 1993, 36(4):794-829

[180]Park S H, Russo M V. When Competition Eclipses Cooperation: An Event History Analysis of Joint Venture Failure. Management Science, 1996, 42:875-890

[181]Penrose E T. The Theory of the Growth of the Firm. New York: Wiley, 1959

[182]Pisano G P. Using Equity Participation to Support Exchange: Evidence from the Biotechnology Industry. Journal of Law, Economics, and Organization, 1989, 5:109-126

[183]Poole M S, Van de Yen A H. Using Paradox to Build Management and Organization Theories. Academy of Management Review, 1989, 14: 562-578

[184]Porter M E, Fuller M B. Coalitions and Global Strategy. In: Porter M E (eds.). Competition in Global Industries. Boston, MA: Harvard Business School,1986

[185] Powell W W, Koput K W, Smith-Doerr L. Inter-organizational Collaboration and the Locus of Innovation: Networks of Learning in Biotechnology. Administrative Science Quarterly, 1996, 41:116-145

[186]Prahalad C K, Hamel G. The Core Competence of the Corporation. Harvard Business Review, 1990, 68:79-91

[187] Reuer, Mellewigt. Entrepreneurial Alliances as Contractual Forms. Journal of BusinessVenturing, 2006, 21: 306-325

[188]Ring P S, Van de Ven A H. Developmental Processes of Cooperative Interorganizational Relationships. Academy of Management Review, 1994,19: 90-118

[189] Robertson T, Gatignon H. Technology Development Mode: A Transaction Cost Conceptualization. Strategic Management Journal,

1998, 19, 515-531

[190] Ramanathan K, Seth A, Thomas H. Explaining Joint Ventures: Alternative Theoretical Perspectives. In: Beamish P W, Killing J P (ed.). Cooperative Strategies. North American Perspectives, San Francisco, CA: New Lexington Press,1997:51-85

[191] Reich R B, Mankin E D. Joint Ventures With Japan Give Away Our Future. Harvard Business Review, 1986, 64(2):78-86

[192] Reuer J. Contractual Renegotiations in Strategic Alliance. Journal of Management, 2002,28(1):47-68

[193] Richardson G B. The Organization of Industry. Economic Journal, 1972, 82: 883-896

[194] Ring P S, Van de Ven A H. Structuring Cooperative Relationships between Organizations. Strategic Management Journal, 1992, 13: 483-498

[195] Roehl T W, Truitt J F. Stormy Open Marriages Are Better: Evidence From US, Japanese and French Cooperative Ventures in Commercial Aircraft. Columbia Journal of World Business, 1987,22(2): 87-95

[196] Romer P M. The Origins of Endogenous Growth. Journal of Economic Perspectives, 1994,8(1):3-22

[197] Rumelt R P. Towards a Strategic Theory of the Firm. In: Lamb R B (ed.). Competitive Strategic: 556-570. Englewood Cliffs, NJ: Management Prentice-Hall, 1984

[198] Rumelt R P. Theory, Strategy and Entrepreneurship. In: Teece D J(Ed.). The Competitive Challenge: 137-158. Cambridge, MA: Ballinger, 1987.

[199] Simonin B L. The Importance of Collaborative Know-How: An Empirical Test of the Learning Organization. Academy of Management Journal, 1997, 40:1150-1174

[200] Steven White. Cooperation Cost, Governance Choice and Alliance Evolution. Journal of Management Studies, 2005, 42: 1383-1412

[201] Sanchez R. Strategic Flexibility in Product Competition. Strategic Management Journal, 1995,16(special issue): 135-159

[202] Saxton T. The Effects of Partner and Relationship Characteristics on Alliance Outcomes. The Academy of Management Journal, 1997, 40:

参考文献

浙商研究

443-461

[203]Schoemaker P. Strategy, Complexity and Economic Rents. Management Science, Special Issue, 1990, 36(10):1178-1192

[204]Schumpeter J A. The Theory of Economic Development. Cambridge, MA: Harvard University Press,1934

[205]Schumpeter J A. Capitalism, Socialism and Democracy. New York: Harper & Brothers, 1950

[206]Schurr P H, Ozanne J L. Influences on Exchange Processes: Buyers' Pre Conceptions of a Seller's Trust-Worthiness. Journal of Research, 1985,11(7): 939-953

[207] Serapio M G, Cascio W F. End-games in International Alliances. Academy of Management Executive, 1996,10(1):62-73

[208]Sharfman M P, Dean J W. Flexibility in Strategic Decision Making: Informational and Ideological Perspectives. Journal of Management Studies, 1997, 34:191-217

[209]Sitkin S B, Roth N L. Explaining the Limited Effectiveness of Legalistic Remedies for Trust/Distrust. Organization Science, 1993,4:367-392

[210] Sitkin S B, Pablo A. Reconceptualizing the Determinants of Risk Behavior. Academy of Management Review, 1992,17:9-38

[211] Sitkin S B, Weingart L R. Determinants of Risky Decision-Making Behavior: A Test of the Mediating Role of Risk Perceptions and Perspective. Academy of Management Review, 1995, 19: 537-564

[212] Sivadas E, Dwyer F R. An Examination of Organizational Factors Influencing New Product Success In Internal and Alliance-Based Processes. Journal of Marketing, 2000, 1(64): 31-49

[213]Sohn J H D. Social Knowledge as a Control System: A Proposition and Evidence from the Japanese FDI Behavior. Journal of International Business Studies, 1994, 25: 95-324

[214]Spekman R E, Niklas M. An Empirical Investigation into Supply Chain Management. International Journal of Physical Distribution & Logistics Management, 1998, 28(8): 630-650

[215]Spekman R E, Forbes T M, Isabella L A, et al. Alliance Management: A View from the Past and a Look to the Future. Journal of Management

Studies, 1998, 35(6):747-772

[216]Stafford E R. Using Co-Operative Strategies to Make Alliances Work. Long Range Planning, 1994,27(3):64-74

[217]Steenma H K, Corley K G. On the Performance of Technology-Sourcing Partnerships: The Interdependence and Technology Attributes. The Academy of Management Journal, 2000,43(6):1045-1067

[218]Stigler G J. Competition. In: Eatwell J, Milgate M, Newman P(ed.). The New Palgrave 17:531-535. London: Macmillan, 1987

[219]Teece D J. Competition, Cooperation, and Innovation: Organizational Arrangements for Regimes of Rapid Technological Progress. Journal of Economic Behavior and Organization. 1992,18: 1-25

[220]Thomas, Antoinette. Trust and Formal Contracts in Interorganizational Relationships Substitutes and Complements. Managerial and Decision Economics, 2007, 28: 833-847

[221]Williams B. Formal Structures and Social Reality. In: Gambetta D (ed.). Trust: Making and Breaking of Cooperative Relations: 3-13. Oxford, England: Blackwell, 1988

[222]Williamson O E. Comparative Economic Organization: The Analysis of Discrete Structural Alternatives. Administrative Science Quarterly, 1991,36: 269-296

[223]Williamson O E. Calculativeness, Trust, and Economic Organization. Journal of Law & Economics, 1993, 36: 453-486

[224] Wade-Benzoni K A, Tenbrunsel A E, Bazerman M H. Egocentric Interpretations of Fairness in Asymmetric, Environmental Social Dilemmas: Explaining Harvesting Behavior and the Role of Communication. Organizational Behavior and Human Decision Processes, 1996,6(2):111-126.

[225]Weick K E. Theory Construction as Disciplined Imagination. Academy of Management Review, 1989, 14: 516-531

[226]Weigelt K, Camerer C. Reputation and Corporate Strategy: A Review of Recent Theory and Applications. Strategic Management Journal, 1988, 9: 443-454

[227] Wernerfelt B. A Resource-Based View of the Firm. Strategic Management Journal, 1984, 5: 171-180

参考文献

断商研究

[228]White S, Lui S. Interaction Costs: The Cooperative Side of an Internal Tension in Alliance. American Economic Review, 1983,73:519-540

[229]Wicks B S, Jones T M. The Structure of Optimal Trust: Moral and Strategic Implications. Academy of Management Review, 1999,24(1): 99-116

[230]Williamson O E. Markets and Hierarchies: Analysis and Anti-Trust Implications. New York: Free Press, 1975

[231]Williamson O E. Credible Commitments: Using Hostages to Support Exchange. American Economic Review, 1983,73:519-540

[232]Williamson O E. The Economic Institutions of Capitalism. New York: Free Press, 1985

[233]Wright P, Kroll M, Pringle C, et al. Organizational Types, Conduct, Profitability and Risk in the Semiconductor Industry. Journal of Management Systems, 1990,2(2):33-48

[234]Luo Y D. Procedural Fairness and Interfirm Cooperation in Strategic Alliances. Strategic Management Journal, 2008,29: 27-46

[235]Yan Y. Structural Stability and Reconfiguration of International Joint Ventures. Journal of International Business Studies, 1998, 29, 773-96

[236]Zand D E. Trust and Managerial Problem Solving. Administrative Science Quarterly, 1972,17: 229-239

[237]Zucker L G. Production of Trust: Institutional Sources of Economic Structure, 1840—1920. Research in Organizational Behavior, 1986,8: 53-111

[238] Zaheer A, Venkatraman N. Relational Governance as an Interorganizationgal Strategy: an Empirical Test of the Role of Trust in Economic Exchange. Strategic Management Journal, 1995, 16 (5): 373-392

[239] Zajac E, Bazerman M. Blind Spots In Industry and Competitor Analysis: Implications of Interfirm (Mis) Perceptions for Strategic Decisions. Academy of Management Review, 1991,16(1):37-56

[240] Zollo M, Winter S G., Deliberate Learning and the Evolution of Dynamic Capabilities. Organization Science, 2002, 13(3):339-351.

[241]陈菲琼,范良聪. 基于合作与竞争的跨国联盟稳定性分析. 管理世界,2007

(7)：102-109

[242]陈菲琼,冯显敏,孙晓光.民营科技企业国际化成长模式分析.中国社会科学文摘(全文转载),2006(6):113-115

[243]陈菲琼,范良聪. Analysis on Stability of Strategic Alliance：A Game Theory Perspective. Journal of Zhejiang University SCIENCE A，2006 (12):1995-2001

[244]陈菲琼,闻丽丽.基于结构灵活性与刚性视角的企业联盟稳定性研究.浙江大学学报(人文社会科学版),2008(6):163-172

[245]陈菲琼,王丹霞.全球价值链的动态性与企业升级.科研管理,2007(5)：52-59

[246]陈菲琼,虞旭丹.联盟关系风险生成机制研究:以娃哈哈为例.科研管理,2010(6):159-166

[247]陈菲琼,虞旭丹.企业对外直接投资对自主创新的反馈机制研究:以万向集团 OFDI 为例.财贸经济,2009(3)

[248]陈菲琼,丁宁.全球网络下区域技术锁定突破模式研究——OFDI 逆向溢出视角.科学学研究,2009(11):

[249]陈菲琼,傅秀美.区域技术创新能力提升研究——基于 ODI 和内部学习网络的动态仿真.科学学研究,2010(1):

[250]陈菲琼,韩莹.创新资源集聚的自组织机制研究.科学学研究,2009(8)：1246-1254

[251]陈菲琼.关系资本在企业知识联盟中的作用.科研管理,2003(5):37-43

[252]陈菲琼.企业联盟绩效私人利益和共同利益评价系统. 科研管理,2002 (4):35-46

[253]陈菲琼,徐金发.面对 WTO 我国企业与跨国公司的知识联盟的探讨.中国工业经济，2000(9):59-62

[254]陈菲琼,徐金发.中国企业与跨国公司的知识联盟是提高企业竞争力的有效途.数量经济技术经济研究,2000(12):15-18

[255]陈菲琼.我国企业与跨国公司知识联盟的知识转移层次研究. 科研管理,2001(2):66-73

[256]陈菲琼.竞争与合作是企业知识联盟的最佳行为模式.科学学研究,2001 (4):37-41

[257]陈菲琼.企业知识联盟理论与实证研究.北京:商务印书馆,2003

[258]陈菲琼.民营科技企业国际化战略.北京:经济科学出版社,2006

[259]陈菲琼.民营企业与跨国公司联盟共生模式研究.杭州:浙江大学出版社,2008

[260]陈菲琼.国际投资与跨国公司.杭州:浙江科学技术出版社,2000

[261]彭泗清,杨中芳.信任的建立机制:关系运作与法制手段.社会学研究,1999(2)

[262]任新建,项保华.链式战略联盟合作困境及突破探析.科研管理,2005,26(5):68-73

[263]李昆山,梁建英.基于资源观的跨国联盟风险及其防范.河北经贸大学学报,2006(2):64-67

[264]陆奇岸.企业跨国联盟风险及其管理研究.广西师范大学学报,2006(3):16-19

[265]徐锐.跨国联盟知识共享的关系风险及其控制方式.情报杂志,2005(8):2-4

[266]易余胤,肖条军,盛昭瀚.合作研发中机会主义行为的演化博弈分析.管理科学学报,2005(8):80-87

[267]杨波,张卫国,石磊.企业跨国联盟中的机会主义行为及其控制分析.现代管理科学,2008(7):5-7

[268]威廉姆森.治理机制,北京:中国社会科学出版社,2001

[269]吴海滨,李垣,谢恩.基于组织互动和个人关系的联盟演化模型.科研管理,2004,25(1):55-60

[270]王凤彬,刘松博.跨国联盟中的风险及其控制——一种基于资源观的分析.管理评论,2005,17(6):50-54

[271]库伦·约翰.多国管理:战略要径.北京:机械工业出版社,2000

[272]罗必良,吴忠培,王玉蓉.企业战略联盟:稳定性及其缓解机制.经济理论与经济管理,2004(5):33-37.

后　记

　　本书是在《企业知识联盟的理论与实证研究》(陈菲琼著,2003 年商务印书馆出版)、《民营科技企业国际化战略》(陈菲琼著,2006 年经济科学出版社出版)和《民营企业与跨国公司联盟共生模式研究》(陈菲琼著,2008 年浙江大学出版社出版)基础上的深入研究。本书能够顺利完稿,首先得益于教育部哲学社会科学研究重大课题攻关项目资助(09JZD0017)、浙江省自然科学基金(Y6090028);教育部人文社会科学研究规划项目(08JA790119)、浙江省哲学社会科学规划重点课题(08CGYD022Z);其次我要感谢参与此项研究成果评审的专家,在此向他们深表谢意!

　　本书研究任务的完成,得到了社会各界和朋友们的大力支持。要感谢在本书完成过程中各位专家学者、浙江大学管理培训中心的帮助与配合,要感谢大量接受作者调研和访问的企业,正是他们的大力支持,才使作者获得了丰富的第一手资料。

　　我还要感谢浙江大学的史晋川教授、金祥荣教授、吴晓波教授、陈凌教授、金雪军教授、汪炜教授、顾国达教授、黄先海教授等对我工作的支持和鼓励。

　　作者还要深深感谢含辛茹苦养育和培养我的敬爱的父母、给我深切理解和支持的丈夫任铭宇。

　　本书的完成,还得衷心感谢课题组成员的通力合作。课题组成员以严谨求实的态度做好研究工作,而且他们还放弃了寒暑假休息时间,分工合作,阅读大量英文文献,深入调查,最后完成了研究报告和调查报告。课题组成员有虞旭丹、林海、聂超。本书的完成凝结了全体课题组成员的心血。科学研究是没有止境的,本书仅是抛砖引玉,书中肯定有许多不足之处,恳请专家、同仁批评指正。

陈菲琼

2011 年 8 月于浙大求是园

后
记